好孩子
不是
管出来的

（插图升级版）

雪松 / 编著

成都地图出版社

图书在版编目（CIP）数据

好孩子不是管出来的：插图升级版／雪松编著. — 成
都：成都地图出版社有限公司，2021.1（2023.3 重印）
ISBN 978-7-5557-1620-4

Ⅰ. ①好… Ⅱ. ①雪… Ⅲ. ①家庭教育 Ⅳ. ①G78

中国版本图书馆 CIP 数据核字（2020）第 261328 号

好孩子不是管出来的（插图升级版）
HAOHAIZI BUSHI GUANCHULAI DE（CHATU SHENGJI BAN）

编　　著：	雪　松	
责任编辑：	魏小奎	
封面设计：	松　雪	
出版发行：	成都地图出版社有限公司	
地　　址：	成都市龙泉驿区建设路 2 号	
邮政编码：	610100	
电　　话：	028-84884648　028-84884826（营销部）	
传　　真：	028-84884820	
印　　刷：	三河市众誉天成印务有限公司	
开　　本：	880mm×1270mm　1/32	
印　　张：	6	
字　　数：	136 千字	
版　　次：	2021 年 1 月第 1 版	
印　　次：	2023 年 3 月第 5 次印刷	
定　　价：	36.00 元	
书　　号：	ISBN 978-7-5557-1620-4	

在教育孩子方面，父母可谓是操碎了心，身心俱疲之下也难以把孩子教育好。

父母在教育孩子时，如果只是强行管制，而没有科学的教育和正确引导，资质再好的孩子也可能碌碌无为一辈子，优秀孩子多是优质教育的结果。对于孩子而言，家庭是孩子人生中的第一所学校，父母是第一任教师，是启蒙之师，父母的言传身教，对孩子的智力发展，性格形成，习惯养成，心态、能力、品德的培育等方面有着重大影响。

管制就是强制管理，是用约束行为的手段达到压制和教育的目的。这种所谓的教育手段只能使孩子心存不满，心怀胆怯，也会使孩子的心离父母越来越远。要想教出好孩子，必须要学会如何做父母，首先要提高自身的素质。其次是掌握科学的教育方法。每个孩子都是优秀的，千万不要因为错误的一句话，毁了孩子的自信心；也不要让自以为是的教育方式，误了孩子的一生；更不要让溺爱成为孩子一生的绊脚石。

相对于严厉的管教，给孩子一个自由、轻松的家，激发孩子自我成长的内在力量，更加有利于培养孩子强大的自信，成就孩子一生的理想和抱负。家庭教育的本质是父母教育自己，用榜样的力量去影响孩子，而不是去管教孩子。父母正确有效的沟通式教育能够走进孩子的心里，足以影响和改变孩子的一生！学会改变无效的管制教育，不强行管教，才能培养出好孩子！

　　本书列举了大量可资中国父母借鉴的家庭教育案例并进行了深入分析，介绍了先进的家庭教育思想和最具成效的育儿方案，针对中国家庭教育中普遍存在的问题和误区，提出了科学的解决办法。本书想要让父母明白好孩子不是管出来的，而要根据孩子的兴趣爱好，制定出合理的培养计划，给孩子营造一种轻松、自由的家庭氛围，给孩子信任、鼓励和支持，以培养出一个优秀、健康的孩子。

2020 年 9 月

目录
contents

第一章

用心倾听：

让孩子说出心里话

倾听是表示关怀的一种方式

孩子兴冲冲地跑回家："妈妈，我想把在学校发生的所有事告诉你！"

妈妈："你说，你说，妈妈听着呢。"

孩子："我们班的小帅又把新来的女老师气哭了。"

妈妈："噢！"

孩子："小明和强子打架被老师罚站了。"

妈妈："噢！"妈妈一边说，一边还在厨房里不停地忙碌着。

孩子继续："我们要发新书了！"

妈妈："知道了！"

孩子有点不耐烦："妈妈，你到底有没有在听我讲啊？"

妈妈："听着呢，都听见了。"

孩子："那就给我复述一下。"

妈妈："我现在忙着呢！"

孩子："算了，我也不跟你说了，你好像一点也不关心，我回屋了。"

很多父母就像上文中的妈妈一样，觉得孩子没有什么思维，觉得孩子很幼稚、不懂事，其实未必。只有仔细倾听才能发现，有的时候，孩子表达的只言片语都是真实的、有用的信息。身为父母一定要学会引导，学会去教会孩子表达。比方这个时候你可以温柔地拥抱着孩子，问他："小帅怎么把新来的女老师气哭了呢？""小明和强子为什么打架呀？"然后听孩子认真地把事实断断续续地说出来。在听孩子讲述完之后，父母可以和孩子一起分析总结："你觉得小帅做得对吗？""你觉得强子应该跟小明道歉吗？"所以说，倾听是一种爱，倾听的艺术就是教育的诀窍！

当孩子愿意倾诉时，父母应充满耐心与兴趣地倾听，因为这是建立亲子沟通的关键。为什么会有许多父母抱怨孩子越大越不愿意和他们交流呢？其实部分原因是缘于当孩子愿意倾诉时父母并不重视，因而孩子慢慢变得不愿意和父母交流了。其实，孩子年纪越小，父母就越容易和他建立沟通。这种沟通如果坚持下去，孩子即便大了，也会习惯于与父母交流。

一位十几岁的小姑娘离家出走了。她的妈妈悔恨地说："我不该去打断她的话头，不管她如何滔滔不绝。这样当她长成十几岁的大姑娘时，有事就会和我商量了。"还有一个孩子曾对他的妈妈说："妈妈，请您耐心地听听我所提出的问题。只要您肯听我讲，或许您就能了解我在想什么了。"

作为孩子的父母，你是否能听得出这番话里隐藏的委屈和挫折呢？然而，现在耐心地听孩子讲话的家长越来越少了。我们常常看到很多父母只顾着看报纸或看电视而不愿面对面地耐心地与孩子沟通交流。但同时，他们又常常抱怨说："孩子有什么话也不跟我说，我说什么孩子也听不进去。"而孩子也抱怨说："父母光说自己想说的话，可我想说的话，父母都不听。"

　　倾听是父母与孩子有效沟通的前提，也是对孩子表达爱意和关怀的一种方式，倾听不需要什么技巧，你只需要把心完全交给孩子就可以了。

别让孩子成为"沉默者"

　　某重点中学一名品学兼优的中学生赵阳，有着自己不为他人了解的烦恼。他痛苦地说："我现在在家里扮演着一个'沉默者'的角色。因为我如果不同意爸妈的意见，开口争辩，他们就会说'你才多大？我吃过的盐比你吃过的米还多'，或者是'我们是过来人，难道还不如你明白'之类的话。既然他们认为只有'过来人'说的话才正确，我想我也就没有任何发表不同意见的资格了。慢慢地，我不再想和家长交流，有什么都憋在心里，感觉越来越压抑了。"

　　赵阳同学的情况在家庭生活中很常见，但幸好赵阳的自控能力还算不错，没有让在家受的委屈延伸到学习生活的方方面面。但其他孩子就不见得能做到这样。赵阳选择了沉默，他的父母再也不会从他嘴里听到反对的意见了，这是教育的胜利还是教育的悲剧？

　　在这个世界上，每个人都有发表自己意见的权利，利用家长的优势剥夺孩子权利的人，绝不是一个合格的家长。

因为学历及自身修养的关系，很多父母并不具备客观科学地分析问题与看待人生的能力，他们的一些见解几乎都源自个人生活的积累，往往更适用于自己生活的小圈子，盲目性很大，自以为是的成分也很多。也就是说，这些见解根本就不具备权威性和指导性。我们很多家长既没有接受过教育方面的专门训练，也不愿意或很少想到去学习教育所需的专门知识，却又认为自己是教育方面的权威，这才是最可怕的。

孩子的阅历少，对很多事物的见解缺乏全面性，但这并不等于说孩子就没有发言权。你不让他说话，那你又怎么知道他的意见没有可取之处呢？你又怎么能针对他的不足之处加以引导或启发呢？

换句话说，即便孩子发表的意见是错的，家长也应该和风细雨地与孩子共同探讨，而不是蛮横地断然否决。

人在受到训斥后都会对批评者产生抵触情绪。如果一味训斥孩子，事后不闻不问，或再指责他几句："你这孩子怎么听不得一点批评的话？"甚至是对孩子使用一些带有人格侮辱色彩的语言，如："给我滚！""再也不想见你了！"等等。这如同火上浇油，只会加重孩子的抵触情绪，让他难以与父母亲近。所以，我们应注意以下几点：

1. 孩子最需要的是尊重

在一个一切都是大人说了算的家庭里，孩子的地位无疑是最卑微的。孩子既然觉得没受到父母的尊重，当然不会采取合作的态度。所以，孩子最需要的是家庭成员的尊重。

2. 创造开明的家庭民主气氛

家长要创造开明的家庭民主气氛，与孩子直接讨论问题，让孩子尽可能多地发表意见，重视孩子的每一个提问。

3. 引导孩子多说

孩子不愿意和父母交流，甚至不愿意和父母在一起，很大原因是父母对他的任何事情都要干预。如果孩子无意中说出了让父母不满的话，肯定会招致严厉的批评和干预，在这种情形下，谁都会采取不说话的方式，这样对于自己是最安全的。所以父母应该让孩子多说，即使孩子说出的事情父母也许难以接受，父母也要耐心倾听，即使发表意见最好也是说正面意见，让交流有一个良好的开端。

和孩子交流时要少说多听

　　钟科的母亲平时教育钟科时总是喜欢不停地唠叨，从来不听钟科的意见。

　　有一天，钟科放学回家，进屋放下书包，就开始向妈妈诉说学校里发生的事情，并发表了许多自己的看法。奇怪的是这次母亲并没有打断钟科的话，反而一直听钟科把话讲完。钟科虽然不知道是为什么，但心里真的特别高兴母亲的理解，于是感激地说："妈妈，谢谢您今天听我说了这么多的话。"

　　原来钟科的母亲得了咽喉炎，嗓子哑了，医生叫她少生气、少说话。钟科回家时，她刚吃完药，虽然听了一半就很生气，本想打断孩子的话狠狠地数落他，但因嗓子疼得说不出话，所以只好听他继续说下去，没想到听到了孩子的心声。

　　所以说，少说多听也是教育孩子的一个好方法。

　　有人说："唠叨是母亲教育孩子的一大特点。"用孩子的话说："我妈除了唠叨，没有别的招儿，烦死了。"还有的孩子说："妈妈的话来来回回地说，没完没了。"

有资料表明：学生中有 90% 的人认为父母对自己一点都不能理解，一见面就唠唠叨叨，内容也是千篇一律，没有一句话能帮助自己解决实际的困难，还凭空地让自己生出许多烦恼。于是，孩子便想出应付办法，一是不到最后时限不回家；二是回家就往自己的小屋里钻，反手将门锁上，用房门阻断与家长的联系。

从家长的角度来看，谁不想让自己的孩子能够有一个幸福的生活？为了让孩子尽量少走弯路，父母通常将自己的生活经验告诉孩子，告诉他们应该怎样做，不能怎样做。当孩子不愿遵从父母的意愿，依然我行我素时，父母就会为孩子可能犯的错误而焦虑，为他们可能遇到的挫折而忧心忡忡。家长的责任心促使他们不断向孩子重复自己的意见，重复自己的要求。事实上，这样的教育方式往往适得其反。

所以，父母与孩子交流时一定要少说多听，这既是对孩子的一种尊重，也是与孩子进行有效沟通的重要途径。

倾听的同时，还要尊重孩子的意见

　　刘蒙就要参加中考了，这对他来说是人生的一道关口。当他的同学都计划着如何考进一所重点高中时，刘蒙却一筹莫展。他不喜欢数理化，成绩也只是一般，但数理化又是中考必考科目，即使他的成绩能考取高中也很难考进重点高中。

　　周末，刘蒙回到家，跟妈妈商量说："妈，现在学校同学都忙于复习，都准备考重点高中。"刘蒙说到这儿停下了，他想看看妈妈如何反应。妈妈也知道刘蒙一定是有什么话要说，只说了声："哦，接着说。"刘蒙说："妈，我想跟您商量一个事。"妈妈说："你说吧！""我想考美术学校。"刘蒙鼓起勇气说。妈妈说："理由呢？"刘蒙说："因为我的数理化成绩不太好，我也不太喜欢这几门学科。即使现在考上了高中，到了高中后我可能也学不好。我喜欢美术，如果能把学习和自己的兴趣相结合，我想我肯定会很开心，也会学得好。所以我想考艺术类院校。"妈妈听完心想："孩子说得也有道理，做家长的不能把自己的观点强加在孩子身上。儿子从小就喜欢画画，但上学后，就再也没有工夫画画了。现在孩子提出去学美术也许是个明智的选择。"想到此，妈妈说："刘蒙，你现在也长大了，读什么学校你自己决定吧，也许你的选择是对的，我和你爸都支持你。"刘蒙如愿以偿地考进了美术学校。大学毕业后，刘蒙在美术界开始崭露头角，他的个人画展受到业内人士一致好评，后在一家跨国文化传媒公司任美术总编。

丽丽是一个漂亮的女孩，身材苗条，而且特别喜欢舞蹈，业余时间参加了舞蹈班。她经常在家对着镜子练习，还收集了很多舞蹈明星的艺术照片。但父母坚决反对丽丽的这个兴趣。在他们看来，舞蹈出名的机会太小，而且要吃很多苦，还不如把学习搞好，上一个好大学实惠。于是他们在校外给丽丽报英语班、数学班，还不辞辛苦每天接送。丽丽几次与父母哭诉，说自己想要继续跳舞，但爸妈根本不听她的。为逃避上课，丽丽经常撒谎，放学不回家，父母为此十分伤心，丽丽也变得越来越不开心，整天垂头丧气的。

在第一个故事中，当初刘蒙妈妈的朋友认为她的想法有问题，竟然不让儿子读高中。刘蒙的妈妈说："我不认为这个决定是错的，这是我们和孩子达成共识后的选择，而且我发现儿子现在是全身心地投入学习。当我看到儿子快乐地学习、生活时，我也同样觉得快乐。"

但是，现在像丽丽父母这样"伤心"的家长也不少。真正关心孩子的未来就要学会倾听，而不要把自己的愿望强加给孩子。

对孩子的爱好，只要不是原则问题，就不要干涉过多。要顺其发展，然后因势利导，促其发展，切不可忽视孩子内心的感受，而主观地为孩子设计好一切，并强迫孩子去做，这样只会压抑孩子的兴趣，使其产生逆反心理。父母要在倾听的同时，尊重孩子的意见，如校外的兴趣班，上或者不上都要征求孩子的意见，只要孩子说得有理，就应采纳。如果丽丽的父母尊重了孩子的意见，让丽丽继续学舞蹈，相信哪怕没有家长陪着，她也会尽力地去学，因为兴趣是最好的老师。

倾听时要注意观察孩子

　　小红是初二的学生，妈妈是个医生，妈妈在不值夜班时尽量抽空陪女儿聊天，以增加母女俩的感情。

　　有一天，小红放学回来，到自己的房间做功课，拉开抽屉，发现自己的笔记本换了位置，自己收藏的卡通画、贴纸等也有被动过的痕迹。小红气冲冲地问妈妈："妈，谁动了我的抽屉？"妈妈看见小红怒气冲冲的样子，只重复了一句说："谁动了抽屉？"

　　小红激动地说："我抽屉里又没有什么好看的东西，怎么被翻得乱七八糟的？"妈妈说："是我刚才收拾你房间时弄的。"小红没好气地说："那以后我的房间就让我自己收拾吧！"妈妈还是不明白为什么收拾了一下她的东西会让孩子如此生气。"让你收拾，你是说明天让你自己收拾？""不是，我是说以后，至少我的书桌让我自己收拾。""你的书桌？"妈妈问。"对，我的书桌，您要是认为我的书桌很脏，至少我的抽屉您就不要动了。"妈妈感到疑惑，为什么小红两次都说到抽屉，难道她的抽屉那么重要吗？妈妈引导说："那我明天就不动你的抽屉，好吗？""不，以后您都别动了，我们同学的抽屉都是自己收拾。"小红说。妈妈重复道："同学都是自己收拾抽屉？"小红说："对。"妈妈通过倾听和观察明白了小红的意思，小红需要有一个属于自己的抽屉。妈妈笑着说："我明白，我们的小红不再是小孩子了，现在已经是大姑娘了，需要自己的空间了。"她接着说，"明天我去买把锁装到抽屉上，你的房间谁有空谁就收拾。你看呢？"小红高兴地说："我听妈妈的。"第二天，妈妈买来一把锁装到抽屉上，钥匙全部交给了小红。

　　小红的妈妈一面倾听小红说话，一面揣摩小红的心态，根据她的言语和神态，基本清楚了小红心里想的是什么，有什么需求，于是妈妈知道了小红需要有属于自己的抽屉。所以亲子间沟通时，在倾听的同时，父母要注意孩子说话的用语、语调、肢体语言、表达速度及面部表情等。通过这些信息可以帮助父母更深地了解孩子的目的和需要，从而使沟通更有效。

用心倾听

孩子越小越愿意倾诉，父母应充满耐心与兴趣地倾听，因为这是建立良好亲子关系的有效方式。

学会倾听是亲子交流的基本要求。父母如果能够尊重孩子，倾听孩子的谈话，则能够创造更多与孩子交流的机会。

孩子表达的只言片语都是真实的、有用的信息，这些信息能让父母更懂孩子的心。倾听是一种爱！

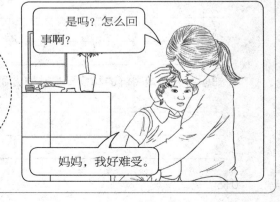

高情商家教思维

1. 在你的眼里孩子是什么样的呢？你是不是总觉得孩子简单、幼稚、不懂事？

_____

_____

2. 孩子的倾诉欲望得到满足了吗？

_____

_____

3. 当孩子和你倾诉时，你的心情是怎么样的？烦躁、耐心、愉快……

_____

_____

4. 当你倾听孩子的诉说时，孩子的反应和变化是什么？

_____

_____

5. 你认为孩子经常给你讲心里话吗？

_____

_____

6. 在倾听方面做得好的和需要提升的方面，给自己做一个总结。

_____

_____

第二章

说的艺术:

父母这样说,孩子才会听

营造顺畅交流的氛围

孔菲一家通常会利用假日的晚间，全家到附近社区的饮茶小馆"莲花茶坊"小坐，他们各自点喜欢的饮料和小吃，然后就天南地北地聊了起来。在轻松的气氛中，父母都不谈公事，话题很轻松、自然。此时父母跟孩子拉近了距离，渐渐地，孩子会把内心情感细细地道出。有一天晚上，他们又在社区的"莲花茶坊"喝茶聊天。

女儿说道："我觉得啊，我们家是追求知识与品质的家庭。我在想，现在是因为我的功课还不错，才不会有一些压力。如果我功课不好，那我会怎么样？在我们家，我还会很快乐吗？"

孔菲说："即使你功课不好，也可以很快乐！"

女儿说："可能妈妈还未曾体会过吧，那是因为我们没有功课不好的时候。"

孔菲说："我觉得，你有时候不必刻意强调功课，那样你的功课反而会更好。"

女儿说："对啊，因为大家都很优秀。"

孔菲说："我觉得，读书只是人生中的一条路，还有其他可以发展的路。重要的是你自己想做什么，是你自己的价值观问题。现阶段你想追求什么？"

女儿说："我啊，我很喜欢美术的。"

……

可以看出，孔菲和女儿的交流是非常顺畅的，交流的氛围也相当好。然而，有些父母与孩子的交流却总因种种原因不得不搁浅。问题就在于，这些父母在与孩子交流的过程中，往往不自觉地便将自己居于领导地位。这种"居高临下"的交流方式往往使父母难以明白和理解孩子的感受、想法和正在做什么，而且还会对孩子产生这样一种暗示：在父母和孩子之间，父母总是强大的、聪明的，父母的需求是更重要的。它抑制了孩子的情感表达，使孩子认为父母对他的话根本不感兴趣。

父母与孩子交流中另一个常犯的错误就是说教。说教使交流常常变成了父母一方的演讲。这类父母最爱用的词是"你应该怎样怎样""你不应该怎样怎样"。当父母采用这种方式与孩子交谈时，往往会发现孩子的眼神开始是惊异的，然后是疑惑的，再之后则是冷漠的。于是孩子们决定关闭自己的心扉，不再讲出自己的真实想法了。因为，没有人愿意去听别人的说教。

还有一种父母与孩子交流的障碍是因为责备。比如，父母常说："我告诉你什么来着？我早就知道这事儿迟早会发生。""如果你早听我的……""你怎么这么笨。"在父母的批评、训斥、贬低、责备声中成长的孩子，往往不愿与父母讨论问题，因为他们知道，不管他们怎样努力，都不会得到父母的夸奖；无论他们说什么，父母都会认为是错的。

以上种种导致亲子沟通不畅的交流方式的一个共同特点是，父母更多的是站在教育者的立场上，而不是站在与孩子平等的心理交流的立场上。这样常会使孩子们感到父母根本就没有认真倾听他们，甚至会认为父母根本就不关心、不理解他们，因而他们也就不愿意与父母进行交流了。

把与孩子的交流变成游戏

这是一个出自《卡尔·威特的教育》中的一个故事，可能对我们的家长有更多的启示。

爸爸给卡尔买了一套积木，卡尔对这个礼物很喜欢，把大量的精力花在了摆弄积木上。

一次，小卡尔花了很大工夫用木块搭了座城堡，其中有房屋、城门、城墙，还有做得非常精致的小桥。

正当他准备叫爸爸来看时，由于太激动，他的衣角不小心在城堡的主要建筑——一个高高的钟楼上扫了一下。顿时，钟楼倒塌了，砸坏了其他建筑，还毁了他精心搭建的最令他满意的小桥。顷刻间，他的杰作成了一片废墟。

"父亲，它毁掉了，是我不小心给毁了。多可惜！它本来那么棒……"小卡尔说着都快哭了。

爸爸问清情况后说："儿子，既然是你不小心，就没有理由抱怨，更不该难过。你能做好第一次，就一定能做好第二次。为什么傻坐在那儿？不如重新做一个，或许还会更好呢！"

顿时，小卡尔欢欣鼓舞。

其实，这话说起来容易，做起来难，因为小卡尔搭的是一组复杂建筑群。要他做完第二次，一定要有极大的耐心和毅力。但爸爸坚信儿子能做到。

不出爸爸所料，小卡尔完成了，并邀请爸爸欣赏作品。爸爸看到后非常吃惊，他没有想到，儿子会做得那么完美。

"爸爸，我认为这比前面那个做得还要好些，因为我做第二次时对它做了不少修改，并且做得更快了。"小卡尔自豪地对爸爸说。

相比之下，小麦克就没那么幸运了。

5岁的小麦克的小房间一般不太整洁，玩具从盒子里倒出来后，常常不主动收拾好，就去玩别的了。

有一次，爸爸对小麦克说："把你的房间收拾干净再出去。"

小麦克说："我已经收拾好了。"

爸爸走进房间一看，地上已没有玩具了，可还有好几本儿童画报没有收拾好，便对小麦克说："你看你的小儿书到处都是，真不像话，别人会笑话你的。"

小麦克像什么也没有听见似的，溜出去玩了。

从上面的例子可以看出，小卡尔的父亲真正以童真的视觉看世界，于是他能读懂孩子的心，而小麦克的父亲则是以一种"成人主义"的说教与孩子沟通，交流效果显而易见。

聪明的父母应当努力把与孩子的交流变成游戏，应当做到：一切语言刺激最好都带有孩子喜欢的趣味性；而在一切孩子所喜欢的活动中，都不要忘了进行必要而有效的语言交流。

伴随孩子的成长，父母与孩子之间谈话的内容及交流方式都在发生着变化，从中也可以看到父母与孩子之间心理距离的变化。比如：孩子在褪褓之中，家长不时动情地"自说自话"，心中充满无限怜爱。此时，父母的心态是对孩子无条件地接纳。

到了孩子已能满处乱跑时，由于工作、家庭的双重压力，家长就期望孩子能少添麻烦。在这一阶段，有些家长在与孩子沟通时的态度、语气，会因自己情绪的不同而变化：心情好时与孩子讲话较温和；情绪差时，会因一些小事责备、训斥孩子。此阶段家长与孩子交流时，对孩子的接纳程度已不再是百分之百。

孩子上学后，家长更多的是关心他学习成绩的好坏，对他的接纳程度也常以成绩为标准。家长最爱问孩子："有没有听老师的话？""考试多少分？""老师喜不喜欢你？"孩子的学习成绩常是家长态度的晴雨表。家长与孩子的对话，俨然成了父母强势压倒孩子的沟通交流。

从回顾家长与孩子谈话方式的变化过程，不知您是否悟出了什么？在很多父母与孩子沟通不良的个案中，有一个共同的特点，便是在孩子的成长过程中，父母在与孩子沟通时，比较多地从"应该对孩子说什么"的角度出发，而很少考虑"怎样说孩子才能接受"。父母常常忽视孩子在不同的年龄阶段，知识容量、心理特点、生活经验以及社会背景都在发生着变化，并且是处在一个日益发展的动态过程中。如果父母对孩子说话的内容和方式，不能与孩子的变化相吻合，结果只能是孩子越来越不听或者越来越听不懂父母的话。

孩子在接受教育时是有选择性的，并非所有父母说的、父母自认为正确的东西都能为他所接受。因此，父母有必要研究同孩子说话的有效方法。

交流时用微笑代替严肃

林旭今年7岁了，他一直是个很听话的孩子，可是随着年龄的增长，妈妈发现他没有以前那样把她的话当回事了。

一次，妈妈回家后，林旭迫不及待地把学校里的事情讲给妈妈听。可是妈妈很累，根本就没有心思听他说话，于是不耐烦地打断了他，让他去倒杯水。倒水回来，林旭还想把话说完，可是妈妈却用很严肃的语气命令他去写作业，林旭很不情愿地走回自己的房间。吃完晚饭后，妈妈再问林旭学校发生的趣事时，林旭却不想说了，扭头回自己的房间去了。

崔鹏5岁了，他正一个人在客厅里玩。爸爸走过来，扫了客厅一眼，发现沙发上、地板上、茶几上都是儿子的玩具。爸爸便严肃地对崔鹏说："快点把你的玩具收拾干净！"崔鹏嘟哝着："我还没有玩够呢，我的小马刚拼到一半，我要再玩一会儿。"

爸爸听了儿子的话，说："你都玩了一个下午了，马上就天黑了，赶快收拾好！"崔鹏没有听爸爸的话，一直认真地拼着小马。

妈妈看到爸爸又要发脾气了，急忙走过来，微笑着对儿子说："鹏鹏，你先拼好这匹小马，然后要自己收拾玩具，好吗？"陈鹏听后乖乖地点了点头。爸爸见状，摇摇头走开了。

林旭的妈妈和崔鹏的爸爸在和孩子交流时，都忽略了一个问题：父母板着面孔的严肃表情代表着对孩子的不满甚至厌恶或嫌弃，会给孩子很不好的感觉。

父母若总是板着面孔与孩子说话，孩子就容易站到父母的对立面，不执行父母的要求，甚至与父母形成强烈的对抗关系。在与孩子沟通时，父母多一些微笑，对孩子多一些尊重，多一些温和的语气，孩子也会对父母多一些尊重，多一些"服从"。

孩子的世界有孩子的规则，父母若强势命令孩子做某些事，容易给孩子带来伤害。父母要尊重孩子鲜明的个性和独立的人格，只有这样，孩子才乐于同父母交流，也乐于接受父母的指引。

"微笑父母"更加受孩子的欢迎。为了孩子的健康成长，也为了家庭关系的和谐，我们都要努力做"微笑父母"。

与孩子交流的内容要具体

　　黄灵觉得孩子真让自己操心，几乎每时每刻都得把心思放在他身上才行。

　　天刚亮，就听见黄灵的声音："今天降温了，别穿昨天那件衣服了，当心感冒。"

　　孩子才穿戴完毕去洗手间洗漱，黄灵的声音又飘过来："牙膏别乱挤，会浪费的。"

　　吃早饭的时候黄灵也得不停地念叨："别那么拿筷子，不好看。""别那么盛汤，别人会笑你的。""别那么拿碗，像讨饭的一样。"

　　孩子上学之后黄灵会轻松一下，可是从5点多孩子回家开始，黄灵的嘴又要不停地工作，直到孩子上床睡觉。

　　吃完了饭孩子坐在沙发上看电视，黄灵要告诉他坐相不好看。

　　孩子看看书，黄灵要告诉他注意看书的姿势，不然以后会近视。

　　洗脚的时候，黄灵又要告诉他别把脚放水里泡泡就算，那样可洗不干净。

有时候连丈夫都觉得黄灵唠叨，可是黄灵一瞪眼："我还不想费这个劲呢，可是你看看，孩子都 10 岁了还一点不懂事，我能不操心吗？"

黄灵总是在否定孩子的行为，父母不断的否定非常容易摧毁孩子的自信。

黄灵在否定孩子的同时，并没有给出应该怎么做的具体指示。对孩子来说，他只知道自己这样做是错，却并不知道自己究竟应该怎样做才正确。不断地尝试又不断地遭到打击，于是他养成了总是怀疑自己的习惯。怀疑自己所做的事情是不是符合黄灵的要求，怀疑自己做的事是否正确，怀疑自己能否完成这件事，所以做事的时候就会畏首畏尾，害怕自己做错，害怕自己再一次遭受打击。

由于没有得到过肯定，也不知道怎样做才能得到肯定，所以孩子只能采取少做少错的方式来减少打击，其直接后果就是减少了和母亲的交流。而从长远来看，在这种茫然、担心、自我怀疑、逃避交流情绪下长大的孩子，在交流能力、生活能力和自信品格方面，都会存在问题。

父母与孩子交流尽量不要采取否定的言语，而要用肯定的言语为孩子指明正确的方向，耐心地讲明其中的道理，让孩子从心里接受父母的建议。

父母说话的艺术

孔菲和女儿的交流是非常顺畅的，交流的氛围也相当好，渐渐地，孩子会把内心情感细细地道出。

父母板着面孔的严肃表情代表着对孩子的不满、厌恶或嫌弃，会给孩子很不好的感觉。

"微笑父母"更加受孩子的欢迎。为了孩子的健康成长，也为了家庭关系的和谐，我们都要努力做"微笑父母"。

高情商家教思维

1. 当你和孩子交流时，是不是有一个和谐顺畅交流的氛围？如果没有，分析一下其中的原因。

_____

_____

_____

2. 随着孩子的成长，为了达到好的交流效果，你与孩子交流的方式是否也随着改变了？

_____

_____

_____

3. 在与孩子沟通方面，你是经常保持严肃还是微笑？

_____

_____

_____

4. 在与孩子交流之前，你是否做好了充分的准备？

_____

_____

_____

5. 在说的方面，自己认为还有哪些需要改进？

_____

_____

_____

第三章

批评与赞美：

正确对待孩子的错误

避免重复老套的说教

上小学五年级的松松，在课间休息的时候总是不安分，一会儿拍拍这个同学的脑袋，一会儿推一下正在做游戏的同学，一会儿又拿走同学正在玩的沙包……总之，不断有同学来找老师告松松的状。老师对松松进行了批评教育，可是没有用，所以只好请松松妈妈来学校了。老师对松松妈妈说了，松松一直就有这样的行为，不过以前不像现在这样频繁，所以就没请家长。松松的妈妈有些难堪，她已经连续三天被松松的班主任"请"到学校去挨批评了。儿子的表现让自己如此丢脸，松松妈妈心里十分生气。

一回到家，她就质问松松："儿子，你说，你知不知道老师向妈妈告状了，说你总是搞破坏，招惹同学？"

"我知道了。"松松低下头，嘴里低声道。

"我跟你说，你给我记住了，以后不许再这样，听见没？"妈妈吼道。

"哦，听见了。"松松应了一声，脸上一副委屈的样子。

"你还委屈了，我可把丑话说在前头，妈妈要是再知道你这样，看我怎么收拾你！"

松松收敛了几天，又依然如故。于是，上面的亲子对话不换几个词地继续重复着，松松妈妈真的不知该怎么办了。

不知道有没有细心的读者发现上述例子的问题到底在哪里？问题就在于"上面的亲子对话不换几个词地继续重复着"，老套的说教在松松身上根本没有起任何作用。

教育孩子的方式有很多种，老套的说教是难以达到效果的。找出原因，解决问题才是关键，一味地发火根本解决不了问题。上述例子中，妈妈和老师自始至终都没有问过松松一声"你为什么要这么做呢"。在这个案例中，据咨询师后来的了解，松松有中度的弱视和斜视，这使得他的动作行为不如一般的孩子灵活、准确。松松因此不太受同学们的欢迎，大家做游戏时都不愿意和他一起玩。可是松松看见同学们玩得那么开心，他真的好羡慕，好想和大家一起玩，他不知道该怎么表达这种愿望，就采取了搞破坏的方式，包括去拍别人的脑袋，这些都只是想和同学们玩。他不明白，自己的这种友好为什么不被别人接受，为什么同学们更加不爱和他玩了，而且还被老师和妈妈责骂。松松真的觉得很委屈。当松松妈妈在咨询师的帮助下听到儿子的心声时，妈妈心痛地哭了，她后悔自己的粗暴，心疼儿子的孤独，责怪自己的疏忽。

批评孩子，要顾及孩子的尊严

一天，老王的同学老李到家里玩。两人一边聊天，一边一根接着一根地抽烟。话匣子打开，什么话都说，好不惬意。聊着聊着，话题就转到下一代的教育上。

老李说他的聪明女儿，老王说自己淘气的儿子。老王一边指着刚刚放学回家正在放书包的儿子说："这家伙！整个一游戏机迷，一天到晚就惦记着这事儿。上个月在学校玩游戏，被老师逮着了，还被罚站。"儿子瞅了老王一眼，嘴里嘟囔了一句。老李一见，大笑："哟，小家伙有意见了。"老王的儿子还是忍不住冲着他嚷道："我现在已经不玩游戏了！"老王说："我也没说你现在还玩啊。我是说上个月！"儿子根本不听，理直气壮地说："早都过去了，还讲？你不是把我的游戏机都砸了么！"老王拍拍儿子的头说："这小子，还耿耿于怀。我是提醒你，不能玩物丧志，现在不努力，以后考不上重点中学，升好大学就没指望！"儿子瞪着老王，一副针锋相对的架势："你不是要戒烟吗？你都戒烟5次了，怎么现在还在抽？"老王气不打一处来，站起来骂道："混账！"老李赶紧劝住。儿子"砰"的一声关上他卧室的门。老王苦笑一下说："现在的孩子啊。"

晚餐时，老王和儿子还是互不理睬。老王的妻子要替老王和儿子"和解"，但儿子把脸侧向一边，丝毫也不让步，喝完一杯可乐，就又走进自己的小屋做作业去了。妻子问老王："刚才我做饭的时候，你和老李谈了些什么？"老王说："没说什么！我不过说说孩子调皮，上课玩游戏机的事。这孩子真得好好修理修理了，这么冲！"妻子想了想，问："一些专家指出'教子不宜在人前'，你知道吗？"老王说："笑话，'人前教子，枕边教妻'，自古如此。自家的孩子，还担心驳了他的面子不成？"妻子说："这就不对了，8岁的孩子已经形成独立的人格，有很强的荣誉感和自尊心。我们应该尊重他、理解他，不能像你那样当着外人揭他的短，出他的丑。你看今天，他就产生了逆反心理，跟你对着干。如果你单独跟他谈这件事，结果肯定不同。"

听了妻子的话，老王不由得想起自己小时候被父亲当众呵斥的情景，那种滋味至今还如芒刺在背。他开始有些理解儿子了，于是敲开了儿子的房门说："儿子，我不该在叔叔面前让你难堪，可是你也当众顶撞了我呀！一比一，我们扯平了。不过你要当心，可别再让我看见你玩游戏机哦。""知道啦，爸！"儿子装作不耐烦的样子，拉长了嗓门回应，可还是忍不住"扑哧"一声笑了出来。妻子在一旁也开心地笑了。

不给孩子留面子是中国父母的通病，也就是所谓的"人前教子，枕边教妻"。老王犯的就是这样的错误。

在北京市青少年心理咨询中心，一位母亲带着上初二的儿子来到心理咨询中心，当着孩子的面开始数落他的不是：站没站相，坐没坐相，学习没兴趣……讲着讲着，孩子皱起了眉头，但妈妈毫不在乎儿子的情绪变化，继续讲。孩子撅起了嘴，她还在继续讲。孩子明显地表示不满意了，不回答任何问题，母亲仍不肯住口。最后，孩子气呼呼地站起来，面对墙壁，呜呜地哭出声来。

作为父母，应该明白，孩子也有面子，也有自尊。因此，父母要给孩子以尊重。

在现实生活中，很多的父母却忽视了这一点。比如，有的父母当着孩子的面和别人议论孩子的是与非，使孩子当场下不来台，让孩子感到难堪；有的父母把孩子不愿意让外人知道的事说出来，或者把孩子的一点过错无限扩大地告诉别人，这些都是错误的。

掌握正确的批评方法

廖静的儿子很可爱，见人自来熟，嘴巴像抹了蜜，谁都喜欢。

可是儿子却和好学生绝缘，课堂上讲话、跟老师顶嘴、对同学恶作剧这些事情都少不了他的份。

这天家长会，班主任正跟廖静谈话，教室里就传来喧闹声。原来廖静的儿子这一小会儿工夫就闯出祸来：他把黑板上写着的"欢迎家长"的字和装饰画擦掉，画开了坦克大炮，南北对垒热火朝天地开战，最后战事已经从黑板上蔓延到同学中，粉笔头、黑板擦也成了武器。

班主任大怒，把肇事的几个家伙拉到一边教育，几个顽皮孩子耷拉着头听训，只有廖静的儿子依旧昂首挺胸，一脸的满不在乎。

"回去好好教教这孩子，实在是太顽皮了。"最后，班主任对廖静说，廖静点头称是。

可是回到家廖静对丈夫讲了今天家长会发生的事情后，丈夫想要好好教训儿子一顿，廖静却拦住了他。廖静认为孩子正是敏感的年纪，随便批评会伤害他的自尊心，儿子也就是活泼好动了一点，何必那么小题大做呢？最后丈夫只好作罢。

儿子看着阴云退去，高兴地倚着廖静说这说那，哄得廖静又是开心又是得意："除了顽皮点，我儿子不是挺可爱的吗？什么慈母多败儿，那一套可不适合我家。"

在现阶段来看，廖静的儿子除了有些顽皮并没做什么出格的事，母子之间的亲昵也让人羡慕，但这绝不表明廖静的做法就是正确的。

表面上廖静不责罚儿子是为了保护儿子的自尊心，实际上这是廖静的不自信，她担心自己一旦做出改变，自己和孩子之间的亲密关系就会被打破。所以她一直逃避对孩子进行正面教育以维持现状，母子间形成一种病态的关系。在这种关系下，廖静事实上处于讨好的弱势地位，母亲的引导教育责任空缺。

除此之外，在她的溺爱和保护下，孩子得不到正确的引导，恶习可能逐步加深，后果堪忧。

父母掌握正确的批评方法，不但有利于孩子接受父母的建议，让孩子向好的方向发展，而且有利于为孩子营造和谐、信任的家庭氛围。

批评前，先听听孩子的理由

　　小明有段时间上学总迟到，老师因此找小明的母亲谈话。母亲知道后，并没有打骂小明，而是在临睡觉前问儿子："告诉我，为什么你那么早出去，上学却总迟到呢？"小明先是愣了愣，见母亲没有责怪的意思，就说："我在河边看日出，太美了！看着看着，就忘了时间。"母亲听后笑了。

　　第二天一早，母亲与儿子一起去河边看日出。面对眼前的景色，她感慨万分："真是太美了，儿子，你真棒！"这一天，儿子没有迟到。放学回家，儿子发现书桌上放着一块精致的手表，下面压着一张纸条："因为日出太美了，因此，我们更要珍惜时间与学习的机会，你说是吗？爱你的妈妈！"从此以后，这个孩子再也没有迟到过。

　　看完这个故事后，我们不禁被这位懂得爱的母亲所感动。她没有粗暴地责问，没有无情地惩罚，而是选择了倾听。倾听的过程中，融入了母亲对孩子的赏识、宽容、耐心与激励，给孩子创造了幸福、温馨的成长环境。

假如父母不管孩子是否做错了事，不问青红皂白就把责任全部推到孩子的身上，一味地批评与处罚孩子，这样只会让孩子对父母产生不信任感，甚至产生逆反心理，容易导致对抗的亲子关系。

所以，父母不要一看到孩子做了不顺自己心意的事，就劈头盖脸地斥责孩子。不论何时、何事，一定要先听听孩子说说他的理由，让孩子把事情的经过说清楚，然后再下结论也不迟。

孩子犯错，要理智地进行回应

　　杨雅的女儿离家出走了，杨雅急得直哭，全家立刻总动员，开始大搜寻。幸好当晚就收到女儿同学家长的电话，得知女儿一切安好。

　　杨雅这才松了一口气，她不明白，一次小小的争吵怎么就成了这样。

　　那天女儿拿着新买的小说看个不停，杨雅随口问道："功课都做完了吗？"

　　"做完了。"女儿沉浸在小说里，头都不抬。

　　"都做完了？抄单词、听英语、背课文，都做了？星期天给你买的数学习题集做了吗？"

　　"呀，我忘做习题了。"女儿惊呼。

　　"我看你就是故意的。反正那不是老师布置的，你就不爱做。光爱看小说，看小说能上大学吗？也不见你语文多考一分……"看见女儿果真看小说看得忘记功课，杨雅生气了。

　　女儿回答说："我马上去做。"然后，一边站起身来，一边放下小说。不料放书的时候碰翻了茶几上的玻璃杯，水流得到处都是。

"我说你两句还发脾气，你是故意的吧！"杨雅以为女儿故意给自己脸色看，更生气了。

女儿觉得杨雅什么事都怪在自己身上，不问青红皂白就骂人，也委屈地哭了起来，边哭边嚷嚷。

杨雅认为女儿觉得委屈是不认错的表现，想到自己忙里忙外，女儿却不理解自己。于是她半是哭诉半是骂地提高了声音："你哭什么，我才该哭呢！养你这么大，说你两句就给脸色，我还不是为了你好……"

不料女儿冲出门去嚷嚷着"不要你养"……

孩子犯错需要教育，但是许多父母在教育孩子的时候，往往因为联想到自己养育的辛苦和为孩子好而孩子不领情的心酸，将自己的情绪反应带入了教育中，使得教育变了味，成为一种感情惩罚。

这种感情惩罚里，家长会用刻薄的语言挖苦羞辱孩子，或者故意冷落孩子，或者像杨雅一样，利用自己的身份和付出对孩子施压，将自己的情绪感受转嫁到孩子身上。孩子脆弱的心灵不堪重负就会出现过激的表现。

感情惩罚对孩子的伤害虽然不如体罚那样显而易见，但是影响却更为深刻，因为这不但伤害了孩子的自尊，还会使孩子背上感情的重压，心灵遭到扭曲，无法正常成长。

作为父母，面对这种情况首先要稳定好自己的情绪，其次要学会尊重孩子，用适当的方式与孩子交流，让孩子知错能改，健康快乐成长。

盲目批评不如诚恳建议

刘猛的脾气很暴躁，总是和同学发生摩擦。每次产生矛盾后，刘猛也十分懊悔，甚至觉得自己天生不会与人相处。前不久，为了换座位的事情，他又和同桌大吵了一架，还差点打起来。

下课后，几个男生在后面打闹，把刘猛的书碰到了地上，刘猛上前抓住对方的衣领说："没看到是我的桌子吗？你给我捡起来！"两个人马上扭打起来，刘猛一拳把对方的眼镜打碎了。为了赔同学的眼镜，刘猛不得不开口跟父母要钱。

妈妈问他："你觉得自己个性如何？"刘猛低声说："我认为自己太暴躁了，这样可能不好。"妈妈又说："我给你一个建议啊，你现在上初中了，应该学会管理好自己的情绪。以后，任何因你暴躁脾气惹的事，你都要自己负责。这200元我先借你，你暑假打工还我。你要学会为自己的错误买单。"

父母的语气很平静，刘猛也马上答应了，还写了借条。以往，父母总会大骂他一顿，但他还是改不了坏毛病，今天，父母没有训他，而是给了他一个中肯的建议，刘猛却突然不习惯了，他开始认真反思自己的脾气，想着 200 元钱的欠款，决心好好改改自己的坏脾气。

父母针对孩子的错误给予建议，是指父母针对孩子的问题给予可能帮助他改正错误的方法。这是父母的一种善意引导。父母的建议没有批评来得激烈、刺激，却能让双方都在冷静的状态下审视过错。在这个过程中，父母关注的是如何解决问题，而不是如何批评责骂孩子。

刘猛的脾气暴躁，时常犯各种错误，父母屡次批评却丝毫不见效。妈妈后来选择了平静地给他建议，父母冷静下来后，刘猛也冷静了。以前父母批评完后，都会帮他收拾烂摊子。现在，妈妈提出了建议，他得学着自己收拾烂摊子。这是一种视角的转变，有利于孩子反省、改错。

有人说，批评是对孩子过错的指点，稍微把握不慎，就容易动怒，伤害到孩子的自尊，引起孩子的仇视、逆反心理；而建议是一种建设性的意见，目的是指出解决问题的方法，对孩子改正错误有利。

父母批评孩子，就是为了改正孩子的错误，那么何不用建议的教导方式呢？这样既不容易伤害到孩子，又能帮助孩子找到改正错误的途径，一举两得。父母不用动怒，孩子也不用伤心，亲子间在讨论、商榷中努力把问题解决了。

面对孩子的错误，父母可以根据自己的人生阅历和经验提出各种合理的建议，以帮助孩子反省自己，走出误区。

避免夸奖中的溢美之词

圆圆的母亲十分明白自己的儿子有什么问题，这个骄傲的孩子总是喜欢别人的夸奖。比如：他画了一幅画，就喜欢听到别人的夸奖。那次，和他一起玩儿的小智说："圆圆，你的小狗应该是有胡须的，还有小狗尾巴是卷着的，粗粗的，你画的像老鼠尾巴！"圆圆噘着嘴，满脸不高兴的样子说："胡说，胡说，以后不要你来我家玩儿了！"两个孩子为此"断交"了好几个星期。

后来，母亲逐渐发现了出现问题的症结，每次，只要圆圆做了什么值得骄傲的事情，他的爷爷奶奶都不停地夸奖，小家伙的内心骄傲得不得了。比如孩子把袜子塞进爷爷的口袋里，妈妈很生气，说："怎么能这么调皮！"爷爷却说："看看我孙子多聪明，调皮都和别人不一样！"次数多了，老人的溢美之词让孩子以为自己的做法是对的。

在教育孩子的时候，的确需要夸奖，但是要做到适当。否则，孩子便会在我们的溢美之词里变得自大，不可一世，难以认识到自己的缺点。

我们经常听到这样一些夸耀之词：

"看看我家××，多聪明！他们老师都说这孩子将来肯定会有大出息，这不这次考试又拿了第一。"

"听听，我儿子的琴弹得多好，肖邦的曲子弹得也就那么回事！"

"我家××是淘气了一点，可是就是淘气也跟别的孩子不一样！"

爱自己的孩子是每个人的天性，但是这并不代表可以使孩子身上的缺点彻底从我们的视野里消失，更不代表为孩子的一切调皮、淘气或者恶作剧找出合理性。掩饰这些缺点，不正视孩子的瑕疵，用溢美之词代替理性而有分寸的表扬，对孩子而言并没有什么好处。

父母对孩子的夸奖应针对孩子的具体行为，是对孩子好的行为给予及时的夸奖。夸奖一般分为情感和物质两种方式，情感方式有口头表扬、拥抱、亲吻等方式。物质方式是夸奖的一种补充，比如一块蛋糕、一本好书等。

过分 "谦虚" 会伤害孩子

晓梅是位老师，在一所学校的小学部任教，她的女儿就在中学部里读书。

女儿从小就聪明懂事，学习也很刻苦，在各种比赛中还获过不少奖。同在一所学校里，常有同事在晓梅面前夸奖女儿："你家孩子不仅聪明懂事，还很用功，以后一定有出息。"听到这些，晓梅心里自然是美滋滋的。但一是觉得同事嘛，总会拣好的说，二是怕女儿会因此骄傲，所以，每到这时，尤其是女儿也在身边时，晓梅就会谦虚地说："嗨，哪儿有那么好。她也算聪明、用功？她差远了！能有个高中上就不错。偶尔得个奖也是瞎猫碰上死耗子，凑巧了。"

女儿马上就要参加中考了。报志愿时，女儿的班主任找到晓梅，问她的女儿为什么不报重点高中而报职高。晓梅一听，愣了："她没跟我们说过呀。当然得上高中了，以她的成绩考个重点应该是没问题的，她到底怎么想的？"

回到家，晓梅就问起这件事。女儿说："你们总是说我的成绩差得远，能有个高中上就不错。我觉得，要是上个普通高中，以后也不一定能考上理想的大学。要是这样，还不如上职高呢，先有一技之长，以后能念就继续读，不行就工作以后再上成人大学。"晓梅听了以后说："嗨，那不是为了在别人面前谦虚嘛，总不能人家夸你，我也跟着夸吧。再说，老是听夸奖，你还不就骄傲了。你怎么就当真觉得自己考不上高中了？"

中国很多父母就像晓梅一样，怕别人说自己因为孩子出色而显摆，或怕孩子因为听到表扬就骄傲，常会不尊重事实地、过分地谦虚。尤其是有孩子在面前时，不仅要自谦，还要指出孩子的种种不足。

但是，孩子的认知水平和分辨能力有限，他们不一定能正确理会父母"自谦"的原因。父母因为"自谦"说出来的话，会对孩子产生很大影响：有些孩子会觉得，连父母都觉得自己不行，不够聪明、不够用功，成绩也不够好，那自己一定是不行，从而变得没有自信，也就不再努力了；而有些孩子会觉得，别人都能肯定自己的成绩和能力，父母却从来都对此不以为然，看来无论自己怎么努力，也达不到父母的希望和要求，从而对父母产生不满，并失去学习的积极性和上进心。

如果孩子在父母的影响下形成过分谦虚的习惯，常常会不自觉地把自己的成绩和能力往不够、不足的方向想，而不能真实地展示自己、推荐自己，在以后求学、求职的时候会很不利。

有些孩子会觉得父母的过分谦虚十分虚伪、不诚实，不能正视现实，不能正确看待自己的能力和成绩，并为了在他人面前表现出假谦虚而不惜否定自己。因此，孩子会怀疑父母做人的原则，对父母产生不信任。

批评与赞美

哦，听见了。

你还委屈了，我可把丑话说在前头，妈妈要是再知道你这样，看我怎么收拾你！

我认为自己太暴躁了，这样可能不好。

我给你一个建议啊，你要学会控制自己的脾气，以后任何因你暴躁脾气惹的事，你都要自己负责。

避免重复老套的说教

盲目批评不如诚恳建议

看看我孙子多聪明，调皮都和别人不一样！

怎么能这么调皮！

那是妈妈在别人面前谦虚嘛，总不能人家夸你，我也跟着夸吧。

你总是说我的成绩差得远，能有个高中上就不错。

避免夸奖中的溢美之词

过分"谦虚"会伤害孩子

高情商家教思维

1. 在批评孩子时，你是否陷入了老套的重复说教中？

_____

_____

_____

2. 当需要批评孩子时，你是否顾及孩子的尊严？

_____

_____

_____

3. 你认为什么是正确的批评孩子的方式与方法？

_____

_____

_____

4. 批评孩子前，你是否给孩子辩解和申诉的机会？

_____

_____

_____

5. 当孩子犯错误时，你是及时地去回应还是事后算账？

_____

_____

_____

6. 在批评与赞扬孩子之间，你有什么体会？

_____

_____

第四章

严格管教：
真的会有好效果吗

孩子发脾气是正常的情绪发泄方式

孩子发脾气是困扰父母们的一个大问题。阻止孩子发脾气，则是我们最常见的应对方式。孩子发脾气，是因为他们有情绪。情绪是遭受某些刺激之后必然的反应，是人类与生俱来的本能，无所谓好坏。

当孩子发火时，很多父母不去疏导孩子的情绪，反而会惩罚孩子。惩罚对解决这个问题起不到实质性的帮助。相反，正如斯宾塞所说："体罚伤害的是孩子的身体，而'心罚'伤害的却是孩子的心灵。受'心罚'的孩子自尊心被摧毁、自信心被打击、智慧被扼杀。"惩罚是最得不偿失的应对孩子发脾气的方式。

他想要妈妈陪，可是妈妈要上班，为此，他等待了整整一天。好不容易等到妈妈回了家，妈妈陪他时却心不在焉，不被关注的感觉真难受。在外面跟小伙伴玩儿，与小朋友发生冲突，玩具被抢，还挨了打，很不开心。

中午，肚子不饿，本来不想吃饭，却被逼着吃了满满一碗饭。

自己做不了主的感觉很不舒服。

搭积木的时候，小手控制不好，积木总是倒塌，那种无能为力的感觉令人沮丧。

早上没睡醒，被妈妈硬拽起来，还挨了一顿训。很郁闷。

看到花园里的小石子，很想捡回家玩儿，却被奶奶硬生生给夺下来，还被贴上"不讲卫生"的负面标签。真够闹心的。

很用心地画了一幅画，得意地拿去给爸爸看，爸爸却说："这画的什么呀？乱七八糟的。"被贬损的感觉真不好受。

跟小朋友们玩游戏，因为不懂游戏规则，被排斥。

晚上睡觉时，想多听一个故事，妈妈就是不给讲，真失望。

很多情绪挤压着，让他很难受，他哭了，结果又被训了一顿。

倘若我们将困扰孩子的情绪视觉化，以一个个的垫子替代，编好号，将其码放在孩子的双手上。想象一下，当这些垫子一个个在他手上码放起来，孩子的视野里除了这些垫子，还能看到什么呢？换了是我们自己，当我们被一堆负面情绪的垫子挡住了视线，我们又是什么感觉呢？此时，我们最想做的事情一定是把这些垫子摔在地上。摔下了，我们才能看见美丽的风景，我们的心情才会转换。

孩子缺乏处理情绪的技巧，因此，发脾气成了他们最直接的情绪发泄方式。玩命地哭闹、打人，打自己头，以头撞墙……孩子出现这些行为，都是因为他们面前的垫子堆得太厚了。生硬地阻止孩子发脾气，就好比我们将这些垫子重新捡起来，继续放在孩子面前，再加上一个更沉重的垫子。时间长了，孩子四周堆满了垫子，他深陷其中，想扔垫子都扔不出去了。

当然，摔垫子是有风险的。因此，我们要给孩子一个宣泄的空间，引导他学会如何把垫子一个个卸下来，排除可能的风险。卸垫子的方式多种多样，可以根据孩子的情况灵活把握。下面推荐几种安全的卸垫子的方法：

（1）让孩子想哭就哭。哭是孩子发泄情绪最方便快捷的一条通道。哭过了，他的情绪就平稳下来，他自然就有心情将注意力转移到其他事情上，很快变得愉悦起来。不过，很多人听不得孩子哭，一发现孩子哭，我们的第一反应就是劝说孩子："哭不是好孩子！不哭了！""好了，好了，没关系，不哭了！""男子汉要勇敢，不能哭！""不痛不痛，不哭了！"这等于在告诉孩子，哭不是一种好的行为，他的情绪不重要，他的感受不重要……如果孩子总是被这样否决，他只好自贬，或者变得麻木，又怎么可能在乎自己的感受呢？

当孩子有某些情绪，想通过哭来发泄的时候，那就让他哭一会儿吧。当孩子因为宣泄情绪而哭的时候，我们无须给他讲道理，也不要过分安慰他，要搂着他，轻拍他的后背，安静地等待他平静下来。这样的方式没有否认孩子的情绪，也没有在他有情绪时把他撇在一边，任由他独自去承受，而是通过拥抱与轻拍或者抚摸给予他安抚。如此，孩子很快就会平静下来。当然，在我们如此安抚孩子的时候，极其重要的一点是，我们要保持内心平静。当我们内心平静时，孩子能从我们身上获得力量，更快平静下来。

（2）和孩子一起写写画画。涂鸦或者画画是孩子表达情绪非常好的方式。当孩子情绪激动时，给他一大张纸、一些颜料，或者彩笔，让他把他的"不高兴""生气""失望"等写出来或画出来，这是帮助孩子释放情绪非常好的方式之一。

某天，我约了几个朋友全家出游。进宾馆的时候，正赶上一个小男孩跟妈妈闹别扭，只见他气冲冲撞进大堂，开始找碴儿发泄——撞击小朋友，扔东西，捶打墙壁。我走过去，搂住他："我看到你很不高兴，我能理解，因为今天我也很不高兴。走，我们问服务员要两张纸，把我们的不高兴都写出来吧。"

一个不高兴的孩子，当他遇到另一个有同样情绪的人时，他对自己的情绪就会产生接纳感，对对方也会有一种亲近感。听到我说我也不高兴，小男孩大概觉得找对了人，乖乖地跟着我去了前台。我问前台要了几张纸，找出他的水彩笔，两人面对面坐着，开始写各自的不高兴。小男孩边写边描述："今天我没睡醒，妈妈就把我叫起来了，还批评我。我讨厌妈妈！"

我回应："是够让人生气的。我也一样。我昨晚加班，结果没睡好觉，累坏了。我也很生气。"

小男孩又说："我本来要带我的闪电麦坤一起来，结果忘了，我要回去拿，妈妈就是不让。我太生气了。"

"我也是。我早上没来得及吃饭，饿坏了，出门后又没找到吃的。我特别生气。"

刚开始的时候，小男孩选择了各种暗淡的色调，"写字"的动作激烈、冲动，明显透着愤怒的情绪。随着纸面上"象形文字"越来越多，他的动作逐渐趋于平稳，表情趋于平静，选用的色调也渐次明亮起来。看得出来，小家伙的不高兴发泄出去了。更有意思的是，写着写着，他写的内容由"不高兴"变成了"高兴"。

"我的闪电麦坤跟苗苗的板牙比赛，结果我赢了。我太高兴了！"

"我逮到一只红色的蚂蚱，它跳得可高了，比我人还高，这么高！这么高！"

对于已经有过运笔经历的孩子，写出来或者画出来是释放情绪安全又有效的一种方式。遇到孩子情绪激动的时候，父母可以尝试一下。

在孩子的情绪写出来或者画出来的过程中，我们可以跟他一起讨论解决问题的办法，带进更多更深层次的内容：

"妈妈小的时候，也遇到过小朋友抢我的玩具。妈妈很伤心，哭了。后来，又有小朋友抢我玩具的时候，我就对着他大声喊'停'。他真的就停住了。我还试过很多别的方法，比如，对他说：'你想玩我的玩具吗？我待会儿给你玩儿。请你先等一会儿。''请你到那边等着，我不玩的时候给你送过去。''我们可以交换玩具。'……如果别人想玩你的玩具，你希望他怎么做呢？"

当我们一边画一边跟孩子交流时，往往能更直观地把一些方法呈现给孩子，他理解起来更容易，掌握得也更快速。当然，我们也可以引导他自己去思考如何解决问题。有时候，孩子们解决问题的方法往往比我们设想的更有效。

（3）设立情绪发泄角。给孩子准备一个沙袋或者枕头，放在某个固定的角落，设置一个"情绪发泄角"。每当孩子情绪不好的时候，就可以引导他去这个"情绪发泄角"发泄。一通摔打之后，他的情绪就发泄出去了。如果妈妈带着他一起摔打，"帮助"他发泄情绪，他会更过瘾，情绪平息得也更快。通常，当我们带着孩子去发泄时，要不了一会儿，他就破涕为笑了。如果孩子经常发脾气，在家里设置这样一个固定的"情绪发泄角"是很有必要的。让孩子养成习惯，有情绪时就去这个角落发泄一通。那么，他就不会以其他具有破坏性的方式去发泄情绪，既可以满足他发泄的需求，同时也避免很多麻烦。

（4）玩水。水是具有安抚作用的。在孩子情绪不好的时候，给他一大盆水，让他去击打、搅动，要不了多久，他的情绪就变得平稳下来，将注意力转移到玩水这个游戏上了。

（5）编故事。当孩子情绪激烈的时候，把他搂在怀里，给他的情绪下一个定义，再根据他的喜好随意编故事，通过故事帮助他把情绪释放出来。我们不一定是编故事的高手，也无须过度考虑故事情节是否合理，只要能把他的情绪以某个象征物表达出来，给他一个想象性的发泄机会就好。

不打不骂教育好孩子

卡尔·威特曾说过："孩子的成长离不开宽容和赏识，而严苛的责备会使天才夭折。"打骂孩子，刚开始的确会把孩子驯服，可是长久下来，孩子并没有变得更好，有的甚至更坏了。粗暴地打骂孩子是一种极其错误的教育方法，它不仅会严重伤害孩子的自尊心，加剧孩子不良行为的产生，而且还极易使孩子产生不良的性格特征。

如果孩子经常挨父母的打骂，时间久了，孩子一见到父母就会感到害怕，不敢接近。在他人面前，也会因为害怕自己说错了或做错了会招致父母的责骂，从而不敢说自己想说的，不敢做自己想做的。因此，不管父母要他做什么，也不管父母的话是对是错，他只知道乖乖服从。在这种不良的环境下成长的孩子，容易变得自卑、胆小、懦弱、没主见，凡事都不敢去尝试，凡事都要征求大人的意见才敢行动。

有的父母一旦发现孩子做了错事就打，孩子为了避免皮肉之苦，于是不得不千方百计掩饰自己的过失。为了蒙混过关，他们就编出各种谎话，而且越编越熟练，张口就来，这样成为习惯，长大也就难以改变了。

父母动不动就打骂孩子，还会使他们产生对立情绪，逆反心理。于是，有的孩子就故意捣乱来表示反抗，父母要他这样做，他偏要那样做，存心让父母生气。有的孩子，父母越打他，他越不认错，常常用离家出走、逃学来与父母对抗，变得越来越固执。

父母要明白的是，打骂是压力教育，对孩子来说，其结果往往是压而不服，更何况孩子的心灵是非常脆弱的，打骂只会使他们产生惧怕，引起自我防护的叛逆心理。所以，作为父母，不要将打骂作为教育孩子的手段，因为打骂教育不但不会促使孩子改正错误，反而会因此侮辱了他们的人格，严重影响他们的身心健康。

著名教育家陈鹤琴认为，孩子幼小的心灵极易受到挫伤，任何粗暴武断的教育方式都是不合时宜的。父母只有用温和的方式，才能走进孩子的心里。孩子虽小，他也要面子，也需要人格尊严，也不喜欢被打骂。要想让孩子改正错误，应该让其自己有所悔过，有改过自新的要求和愿望。

乔治·华盛顿是美国第一任总统。他小时候是一个聪明好动的孩子，对任何事情都拥有强烈的好奇心。

有一次，他为了试一试自己的小斧头是否锋利，竟然把父亲一棵心爱的樱桃树给砍倒了。当父亲看到被砍倒的樱桃树时，非常生气，厉声问道："这是谁做的好事？"

华盛顿看到父亲发怒的样子，心里非常害怕，站在一边紧张地盯着父亲。过了一会儿，他鼓起勇气对父亲说："对不起，爸爸，是我砍倒了樱桃树，我只是想试一试自己的斧子是不是很锋利。"

父亲看着儿子，本想狠狠地骂他一顿，但想了想，还是忍住了，只是问他："你不怕我知道了会骂你打你吗？"

华盛顿勇敢地抬起头，望着父亲说："但是，无论如何我也应该告诉您真相。"

父亲听了华盛顿的解释，怒气一下子就消了，慈爱地对他说："孩子，你的诚实让我很欣慰，因为即使是一万棵樱桃树也比不上一个诚实的孩子啊！"

因为父亲的原谅，华盛顿受到了极大的鼓舞和鞭策。正是在这样的家庭教育下，华盛顿养成了诚实的品质，并最终成为一位伟人。

爱孩子，首先就要尊重孩子，信任孩子。即使孩子真的做错了事情，我们也不要以父母的权威加以斥责和打骂，应该耐心地引导、启发，让他们自己意识到错误。我们应该用温和的语气建议孩子："你这样做是不对的，你想不想听一听爸爸（妈妈）的想法呢？"试想一下，如果华盛顿在向父亲承认错误以后，得到的不是原谅和鼓励，而是一顿训斥和暴打，那他以后还敢承认错误吗？

打骂不是父母教训孩子的武器，它不仅不能让孩子"服帖""顺从"，而且还可能会对孩子的一生造成难以弥补的心灵创伤。

在一次"舒曼杯国际青少年钢琴大赛"中，13岁的沈阳女孩儿胡丁琦囊括了四项冠军、两项亚军，这可是这个著名国际赛事自创办以来的最好成绩。在谈到女儿的成才经历时，一向认为"不打不成才"的胡东振却开始反思："如果能让我重新选择，我不会再逼女儿学钢琴。"

在颁奖典礼结束后，面对前来讨"育女心经"的人，胡东振语出惊人："我对不起女儿。如果让我重新选择，我肯定不会再让女儿学钢琴。这条路实在太残酷了！"

社会心理学家张思宁评价：胡丁琦最后成名了，可是她只是数万个"胡丁琦们"中的幸运者，并不代表着其父教育方式的胜利。胡东振的教育方式明显不利于孩子的心理和生理健康。暴力教育更容易导致孩子的自卑、胆怯、叛逆，甚至是心理失衡。严厉不等于暴力，培养孩子还是应该以引导为主。

不少年轻父母盲目地接受了老辈人在教育子女中的错误经验，认为"不打不成才""打是行之有效的教育方法"，甚至经常把这个观点用于对子女的教育中。这些父母只看见暂时的、表面的效果，而没去分析其危害，没有顾及其对孩子发展的影响，还自认为有理地说："打是对孩子最严格的管教，是不娇惯孩子的表现；只有痛在身上才能记在心上。"他们甚至还指责别的父母："就是惯着孩子，舍不得打嘛！"

在李老师的班上有这样一位男孩，他经常抱怨自己的父母，对于父母的管教更是置若罔闻。经过交谈，李老师了解到这样一个情况：男孩的母亲爱唠叨，父亲则脾气暴躁，教育方法简单，只要听说儿子表现不好，动辄打骂，所以他特别害怕老师向他父母"告状"，更恨父亲不问青红皂白地谩骂和殴打。他曾非常苦恼地告诉李老师："我也不想让我的父母伤心，但一想到他们的做法，我就来气，真恨不得永远不进这个家门！"

相关调查研究也表明，长期生活在充满家庭暴力环境中的孩子，长大后更具有暴力倾向。

凡此种种，身为父母应该好好反省。打孩子简单，但后果却是非常严重，这关系到孩子日后对人生、对社会的看法。一个从小挨打的孩子，一个心里充满仇恨的孩子，长大后必然会冷漠地对待这个世界。

总之，打骂孩子弊多利少，这种传统的教育方法我们应该舍弃。

惩戒孩子也要学会尊重

有人认为，没有惩罚的教育是不完整的教育。但惩罚绝不等于体罚，更不是伤害和心理虐待。在孩子犯错的情况下，对其进行适当的惩罚是必要的，但一定要在尊重孩子人格、维护孩子自尊心的前提下进行。

道格拉斯先生有一个5岁的女儿叫琼妮，他常和女儿探讨人最宝贵的品质是什么，最终父女俩达成共识——诚实、善良和勇于承担责任。

一天，小琼妮把幼儿园里的拼图游戏板偷偷地带回家，并撒谎这是同学给她的。毋庸置疑，撒了谎就要受到惩罚。小琼妮除了退回玩具并当面道歉外，还要接受三选一的惩罚：

（1）一个星期内不能吃冰激凌；

（2）周日下午中央公园的滑草游戏及野餐活动取消；

（3）在屁股上狠狠地揍两巴掌。

小琼妮只用了5秒钟就决定接受第三种惩罚。

此外，父女俩在执行惩罚前，还交涉了一个特别的程序：寻找一个"监刑官"，以证实惩罚是承担过错的必然结果，并且没有伤害受罚者的尊严。

惩戒而不伤人，是尊重孩子的体现，对父母而言也是尊重自己身份的体现。但是有的父母把批评和惩戒理解为让孩子产生对自己错误行为的"罪恶感"，孩子的感觉越痛苦越深刻，他"悔过自新"的决心就越大，改得也越彻底。

我们要明白的是，对孩子来说，犯错改错，再犯错再改错，是很正常的成长过程。因而，以批评和惩戒让孩子产生"罪恶感"是打击孩子自尊心、不利于孩子健康成长的体现。

但究竟应该怎么惩罚孩子？以下是给父母的几点建议：

（1）惩罚孩子的前提是肯定孩子。每个孩子都有值得父母赞扬的优点，当父母要惩罚孩子的时候，首先要相信孩子还是好孩子。同时，父母也要在惩罚的时候把自己的内心感受跟孩子说清楚，让孩子知道他在父母眼里并非一无是处。

（2）父母平时要把对孩子的要求讲清楚。有些父母平时很少和孩子谈要求，即使谈了也未必清楚明了，总觉得自己明白的孩子就一定明白。但孩子毕竟是孩子，他们的理解力和成年人之间是有差距的。所以，父母要把自己的希望、要求、规则都对孩子讲明白，并且与孩子达成共识甚至约定。这样，当孩子违反规则时才可以惩罚他。

（3）要向孩子说明惩罚的原因。在对孩子进行批评之前先给孩子讲道理，让他明白为什么惩罚他，这样有利于他改正错误。

如果孩子不知道自己为什么被惩罚，他会感到很委屈。

（4）惩罚前后要一致，要说到做到。如果告诉孩子，因为他犯了错而惩罚他，不让他做某件事情，就一定要说到做到，不要一时心软又改变主意，不然以后自己所说的许多话都将失去效力。

（5）惩罚不要"翻箱倒柜"。有些父母爱唠叨，孩子一旦犯了错，就忍不住把孩子过去做错的事情都拿出来数落一番。在父母没完没了的唠叨声中，孩子往往已不记得自己的哪一个错误才是需要被惩罚的了。所以，对孩子的惩罚不要"翻旧账"，而要"就事论事"。

（6）惩罚要适度。父母给孩子的惩罚，要因人因事而定。有些孩子性格比较内向、敏感，对这样的孩子，也许瞪他一眼，或者冷落他一会儿，他就受不了了。而有些孩子则比较皮实，即使父母打他的屁股，他也不觉得怎样。因此，父母要了解自己的孩子，知道他是个怎样的孩子，以免惩罚过当或无效。另外，父母也要根据实际情况来惩罚孩子，如果在公共场合，或者孩子所犯错误不那么严重，就不要用过于严厉的方法对待孩子。

（7）惩罚要对事不对人。父母之所以要慎重使用惩罚方法，就是因为不当的惩罚会给孩子的心理带来巨大的伤害。因此，建议父母在惩罚的时候要让孩子明白，他受惩罚是因为他的错误行为，他仍然是父母所喜爱的孩子。

你的坏脾气对孩子没有用

父母对孩子忽冷忽热、阴晴不定，会让孩子在跟父母的交流过程中变得诚惶诚恐、无所适从，不知道自己什么时候是父母的宝贝，什么时候是父母的"眼中钉"。

璐璐11岁了，可是仍然和小时候一样，喜欢粘着妈妈。妈妈也觉得反正自己就这么一个女儿，怎么疼爱也不过分。

这天，妈妈一下班，璐璐又像往常一样，跑过来粘在妈妈身边："妈妈，我可想您了，您怎么才回来啊？我肚子饿得都咕噜咕噜叫了。"

妈妈亲昵地爱抚着璐璐问："宝贝儿，到妈妈旁边来坐。告诉妈妈今天中午'小饭桌'吃的什么呀？怎么把我们家的小馋猫饿成这样？"

璐璐就这般那般地把自己今天学校的情况跟妈妈说了一番，边说边跟妈妈亲热。不一会儿亲热够了，妈妈突然想起来，说："宝贝儿，前两天那个数学测验的成绩下来没？你考了多少分？

第几名啊？"

"下来了，我考了 85 分，第 26 名。"璐璐笑嘻嘻地说。

"什么？只考了这么点儿？你还笑得出来？"妈妈猛地坐直身子，推开粘在自己身上的璐璐，瞪着眼睛说："别粘着我，我跟你说正经的呢！"璐璐的小脸马上就变了颜色，很委屈地看着妈妈。

现实生活中，一些父母常常会因为自己的情绪对孩子忽冷忽热。就像璐璐的妈妈那样，刚刚开始还跟孩子亲热呢，孩子不知道哪句话惹怒了她，就马上"翻脸不认人"了。

事实上，父母的这种做法是不对的。因为这样会使得孩子在跟父母的交流过程中变得诚惶诚恐、无所适从，不知道父母什么时候就会发脾气。于是孩子习惯于看父母的脸色行事，影响孩子的心理健康。

因此，父母在与孩子交流的时候，应该注意控制自己的情绪，而且要根据孩子年龄特征、心理特征的变化来管教孩子。不要忽视生活中的很多小事，也不要过分在乎孩子的成绩，这样孩子才能建立起对生活和学习的正确态度。

声音再大孩子也听不进去

这是一个孩子的心声：

别以为只有春天才会听到雷声，在我们的家里常常会听到"雷声"——那就是你们教训我时的大嗓门。我从小就淘气，不听话，只要被你们知道了，你们立即睁圆双眼，"隆隆"的"雷声"马上就到，震得我不敢抬头。我的眼泪就像夏天的大雨，"哗哗"下个不停。那时我最恨你们，每天最担心的也是你们的"雷声"。我常常想，要是你们不打"雷"了，那该多好啊！

爸妈，不要对我大喊大叫。你们对我喊叫只会减少我对你们的尊敬，同时也教会了我歇斯底里。

爸妈，我最近读了一本书，其中一段话题是"孩子在生活中所学到的"：指责中长大的孩子，将来容易怨天尤人；敌意中长大的孩子，将来容易好斗逞勇；恐惧中长大的孩子，将来容易畏首畏尾；怜悯中长大的孩子，将来容易自怨自艾；嘲讽中长大的孩子，将来容易消极退缩；嫉妒中长大的孩子，将来容易钩心斗角；羞辱中长大的孩子，将来容易心怀内疚；容忍中长大的孩子，将来必能极富耐性；鼓励中长大的孩子，将来必能充满自信；赞美中长大的孩子，将来必能心存感恩；嘉奖中长大的孩子，将来必能爱人爱己；接纳中长大的孩子，将来必能心胸广大；认同中长大的孩子，将来必能掌握目标；分享中长大的孩子，将来必能慷慨大方；诚实公平中长大的孩子，将来必能维护正义真理；安定中长大的孩子，将来必能信任自己、信任他人；友善中长大的孩子，将来必能对世界多一份关怀；祥和中长大的孩子，将来必能有平和的心境。

爸妈，我在此也向你们说一句话：喊叫中长大的孩子，将来容易蛮横、粗暴。爸妈，我不需要在这种充满"雷声"的环境中长大，我需要一个温暖的家，我希望我们一家人在一起能够和睦相处。

我非常羡慕好朋友小强，他的家充满了和睦温馨。有一次，我去他家玩。小强不小心打翻了水杯，这时他的爸妈连忙过来，在擦干净水渍后并没有责备小强。小强抬头看着他们说："你们知道，我真的很感谢你们不像别的父母一样。我大部分朋友的父母会咆哮着教训他们要更小心一点。谢谢你们没有那样做！"

爸妈，我多么渴望有一个像小强那样温暖的家。请让我感受到家庭的温暖，这个家是属于我们共有的。我多么需要这样一个地方，我可以自由自在地生活，发表自己的意见，大家可以互相帮助，即使错了仍能得到宽容、接受。

请尊重我的感情和允许我有自作主张的权利，我认为我应该有权利保持自己的想法，也希望你们像尊重别人一样尊重我的感情，不要总把你们的意志强加给我，我应该有自己的生活。尽管我会犯错误，但只要你们信任我、爱我，我会改正的，否则，即使你们说得再对我也不会接受，因为你们首先没有尊重我。

请不要让我觉得不如他人，我更不希望听你们说"××怎么样"，那样只能伤害我的自尊心。为了反抗你们的意志，有时我甚至会故意不努力，因为你们让我感到缺乏信任。越是在我遇到困难的时候，我越希望你们给予我信任和鼓励，这样，我才会有信心和勇气去战胜一切困难。

爸妈，不要用大嗓子对我喊叫，我最渴望得到你们温暖的爱。希望我们能够共同创造一个令我们大家感到温馨的家，让我们这个家庭充满着欢歌笑语。

父母不仅要对孩子的生活精心呵护，而且要为孩子创造良好的家庭交流环境，即要为孩子的健康成长创造良好的家教语言环境。

(1) 赏识，让孩子体验成功的乐趣。心理学家认为，喜欢受到赏识是人的天性，赏识是促使人积极向上的强大动力。因此，父母不要过分关注孩子的缺点、短处，而应多挖掘他们的优点、长处，表扬他们的每一个优点、每一次进步，如表扬他"你今天做数学题真认真！""你画得真好！"等。当然，表扬不只是语言的表达，也可以是非语言的表达，如孩子做到了我们所期望的行为，可以投以一种肯定、信任的微笑；孩子完成了某种正确的行为，可以点头示意表示赞赏。

(2) 鼓励，给孩子克服困难的勇气。有位教育家曾经这样讲过："孩子需要鼓励，就如植物需要浇水一样。离开鼓励，孩子就不能生存。"因此，父母应多鼓励自己的孩子："试试看，你一定行！"孩子第一次尝试失败了，鼓励他："你一定能做好的，再做一遍怎样？"孩子成功了不妨说："你真厉害，我们为你骄傲！"即使孩子考试失误，父母也应不忘鼓励："这次考试粗心大意，所以才会考得不好。不过，没关系，爸爸妈妈相信下次你可以考得很好的。"

（3）尊重，发展孩子的自我意识。当孩子有了自己的风格、自己的想法，父母不要贸然地泯灭它。譬如，父母教孩子画画，可能会出现这种情况：父母先画一个圆圈，再在里面画上眼睛、鼻子、嘴，然后才依次画身子、胳膊、腿，等等。而孩子呢，也许喜欢倒着画，先画身子再画头。这时父母不要强行让孩子按自己的画法画，而应尊重他的自我意识。父母可以说："爸爸妈妈是这样认为的，你怎么想呢？"这样，可以使孩子勤于思考，善于判断，敢于说出心中的感受，自由地发表意见，从而帮助孩子树立起自信心。

（4）适当指责，能激起孩子奋发向上的斗志。对于孩子的某件事，父母最好先表扬后批评，先分析其好的方面再分析需要提升的方面，切忌不分青红皂白地猛训一通。如，当知道孩子考试失败时，应心平气和地说："上次爸爸看到你的考卷，每一题都写得很仔细，爸爸很佩服你，可是这次就有些粗心大意了。"这样的谈话，不仅不会伤害他的自尊，反而会让孩子容易接受，而且还可激发他奋发向上的斗志。

处罚孩子必须掌握好度

　　孩子虽然有着小天使般的可爱，但有时却又非常顽劣固执，叫父母头痛不已。当孩子实在太过分时，再怎么理智的家长，也很难不被激怒而处罚孩子。处罚孩子常常被认为是不好的，然而在屡劝无效或很危险的情况下，以爱为出发点的处罚，也不失为教育孩子的好方法。

　　有段时间，儿子总喜欢往花园的鱼池里扔鹅卵石，并且屡教不改。布鲁斯对儿子说："你看看，你把小鱼砸痛了。水池不漂亮了吧？"然后布鲁斯会要求儿子把水池里的石头捡起来。有时候，儿子可能也会耍赖，不肯去捡石头。如果孩子耍赖，布鲁斯一般不会强迫儿子去，他会自己下云捡石头给儿子看。如果正好碰上儿子闹着要跟爸爸玩，布鲁斯就会借机对孩子说："你看看，你把石头扔进水池了。现在我要去捡石头，没有时间陪你玩。"这时候，儿子会体验到因为他的不良行为而产生的后果。之后，他果真不再往游泳池里扔石头了。

孩子并非像我们想象的那么不懂事，他们只是控制能力差一点儿而已。因此，我们主张父母把孩子当成人看，从孩子小时候就教他们学会承担责任，学着约束自己。

父母对孩子的爱应该体现在生活的方方面面，但又绝对不溺爱孩子。每当孩子出现不良行为时，父母应该采取一些惩罚措施，但是惩罚应该是具有教育意义的。

妮可在女儿4岁那天，给她买回一只有多种动物叫声的玩具小闹钟。女儿对那只小闹钟爱不释手，为了明白闹钟"肚子"里的秘密，她将闹钟拆了个稀巴烂。无法组装闹钟的女儿急得大哭起来。妮可平静地对女儿说："你把闹钟弄坏了，你可以自己把它修好。如果需要帮助，你可以找妈妈帮忙。"女儿真的开始动手"修理"小闹钟。虽然最终她没有把她的小闹钟修理好，但是整个修闹钟的过程给了她特别的体验与锻炼，并从中学到很多知识，同时也让她明白了她必须对她所有的行为负责任的道理。

有些父母十分关注孩子的个性、创造性、独立性与心理健康等问题，因此，对他们来说，惩罚是一件需要慎重对待的事情。一般从孩子一出生开始，这类父母就会考虑如何惩罚孩子以及怎样掌握惩罚的"度"的问题。

女儿几个月的时候，莎丽就对她进行惩罚教育了。某一天，女儿咬了莎丽。莎丽对女儿说："哦，你把妈妈咬痛了。"与此同时，莎丽将女儿放进她的婴儿床，并离开她一会儿以示惩罚。

莎丽对女儿的惩罚总是善意的，并且她在惩罚孩子的时候也会尽力让孩子体会到她深厚的爱意。

每次女儿有比较过分的举动，莎丽都会以很严肃的眼神看着女儿，一般情况下，乖巧的女儿立刻就会明白妈妈的意思。当然女儿也有不乖巧的时候，如果她的错误比较严重，莎丽会采取一些措施对女儿进行惩罚，比如取消周末女儿最喜爱的活动等等。

在惩罚孩子前，父母需要事先订立规则让孩子遵守，并提醒孩子若不遵守规则的后果是受罚，父母亦要切记言出必行。再者，父母惩罚孩子时，必须让孩子知道为什么被罚，从而抚平他们愤愤不平的情绪及达到矫正错误行为的目的。最后，亦要留意惩罚的程度及时间性，不许有情绪失控下过激的行为，亦不可无止境地剥削孩子的权利。适当的惩罚必须在父母情绪比较平稳时进行，也要留一个改过的机会给孩子，让孩子知道"错而能改，善莫大焉"的道理。

赏识，让孩子体验成功的乐趣。

鼓励，给孩子克服困难的勇气。

尊重，发展孩子的自我意识。

适当指责，能激起孩子奋发向上的斗志。

1. 你的孩子一般会对谁发脾气？你认为发脾气的孩子就不好吗？

_____

_____

_____

2. 怎样才能不打不骂教育好自己的孩子？

_____

_____

_____

3. 当必须惩戒孩子时，你是否会尊重孩子的人格？

_____

_____

_____

4. 你对孩子发脾气或者大喊大叫有用吗？孩子的表现是什么？

_____

_____

_____

_____

5. 严格管教需要掌握好什么样的尺度？

_____

_____

_____

_____

第五章

培养心态：

让你的孩子更阳光

培养孩子坚忍不拔的毅力

小林现在上高一，由于中考失利，进了一所普通高中，这让他觉得很失望。于是他决定发奋学习，争取考一所比较好的大学。在开学的第一天，小林就定下了学习计划，把每天的时间安排得满满的。可是他坚持不到一周，就又恢复了平时懒散的习惯。爸爸妈妈看到小林没有按计划来做，就在晚饭后找他谈了话，鼓励他坚持下去，小林当时又下定决心，一定要坚持下去。可是，没过几天，他就又放松了对自己的要求。这样周而复始，造成的后果就是他的学习一直没有起色，而本人则极其内疚、自责，天天陷入苦恼当中，对自己的能力产生了很大的怀疑。父母是看在眼里，急在心里，不知道该怎么帮助他。

从心理学的角度看，小林坚持不下去的一个最重要的原因是缺乏毅力。缺乏毅力的一个比较突出的表现就是做事情虎头蛇尾，难以坚持。对于小林这种情况，在生活中是很常见的，经常有人将蓝图计划得特别好，但是最后却因缺乏动力而以失败告终。

毅力不是天生的，主要靠后天的教育培养。一般来说，孩子在幼儿和小学低年级会表现出毅力品质的初步状态。小学三四年级开始，毅力品质的各个因素发展很快。因此，对孩子毅力品质的培养必须从小抓起。

　　毅力主要在实践行动中培养，适当讲道理是必要的，但关键是实践。每个孩子都有一定的意志力，只是强弱不同。在进行毅力品质培养时，要具体分析孩子毅力强弱的具体环节，从孩子的实际出发，找准弱点。比如，有的孩子做事情虎头蛇尾，一开始决心很大，干劲很足，但是只有三天热乎劲儿。这种孩子毅力品质的优势在确定目标、确定行动阶段，而弱点在于坚持性和自制力上。对待这样的孩子，在确定目标时，要先打"预防针"，提醒他一旦行动起来，就要克服困难坚持下去。在行动过程中，则要帮助孩子正视困难，克服困难，加大自我管理的力度，不断地激励他。在接近目标时，尤其要给孩子讲"行百里者半九十"的道理。经历过几次这样的过程之后，孩子的薄弱环节就能得到扭转。

让你的孩子相信自己

一位心理专家说：我好朋友的女儿丽丽上小学二年级了。最近和她打电话时，朋友对我说：丽丽在与小伙伴交往时特别不自信，总觉得自己没有别人做得好。前一段时间，班里选班干部，丽丽的票数很多，可她说什么也不愿意当。后来在老师和同学们的鼓励下，丽丽当了班里的文艺委员。可最近由于组织联欢会受到了阻力，丽丽又开始打退堂鼓了。朋友让我帮她想想办法。

丽丽的表现是许多孩子身上都有的一种表现——缺乏自信。

自信，往往是和有抱负、有主见、有韧性、不盲从、不动摇联系在一起的。自信心是一个成功者最重要的心理素质，但它不是天生的，必须由父母从小加以正确引导，使孩子学会对自己充满信心。无论是年幼（3～6岁）的孩子，还是年纪较大（9～18岁）的孩子，培养他们自信的心态，在孩子的成长过程中尤其重要。

有一句教育名言是这样说的：要让每个孩子都抬起头来走路。"抬起头来"意味着对自己、对未来、对所要做的事情充满信心。

任何一个人，当他昂首挺胸、大步前进的时候，在他的心里有诸多的潜台词——"我能行""我的目标一定能达到""我会干得很好的""小小的挫折对我来说不算什么"。

然而，事实上有相当数量的孩子缺乏自信心，缺乏上进的勇气，本来可能有十分的干劲，也只剩下五六分甚至更少了。长此以往，他们会成为被自卑感笼罩着的人。

孩子的信心从何而来，来源于父母有效的夸奖。孩子需要夸奖，需要鼓励。在孩子很小的时候，父母不能什么事都代替孩子做，而要让孩子多做力所能及的事情，让他们体会成功的喜悦，做一个充满自信的人。

让孩子学会主动选择

"人生如棋"，这是我们常挂在嘴边的一句话。是的，人生就是在进行一场豪赌，是做一名博弈者还是做一枚棋子，尽在个人的选择。正像很多老者说的那样："一招不慎，全盘皆输。"由此可见，选择是非常重要的。

选择贯穿于人的一生，每一个选择都会对一个人产生致命的影响。面对人生迷局，只有能洞察先机的人才能做出正确的选择，才能在这场博弈中占得一个有利的位置。我们常常强调努力的重要性，但我们必须认识到，只有选择了正确的方向努力，才可能有结果。因此，父母要教育孩子学会理性的判断，做出正确的选择，如此才能让他们的一生绽放光芒。

下面我们来看这样两则故事。

故事一：

上帝在草原的两端分别放置了两群羊，一群在南端，一群在北端，并在草原中间划开了一条相隔百里的横沟。然后，上帝又给它们找来了两种天敌，一种是狮子，一种是狼。

上帝对羊群说："如果你们选择狼，那我就会在你们那片区域中放一只。在那片区域里，它可以随意地撕咬你们。如果你们选择狮子，那么我就会给你们两头，你们能够在这两头狮子中任意选择一头，并且可以随时调换。"

南边的羊群经过一阵讨论，觉得狼比狮子瘦小多了，于是要了一只狼。北方的羊群觉得两头狮子可以任意选择，这样自己更有选择权，于是选择了狮子。

狼在进入南方的羊群后，开始抓羊吃。刚开始时，因为身体还小，狼每隔几天才抓一只羊，羊群里的羊感到很安心。而那头狮子在进入北方的羊群后，开始大范围地捕杀羊群。与狼相比，狮子的饭量大得多，每天都要捕杀两只羊。于是，北方的羊群陷入了恐慌中，每天都在想办法躲避狮子。不久后，它们便向上帝提出要求，想换一只狮子。

让羊群想不到的是，一直保管在上帝那里的那头狮子正饥饿难耐。它一来到北部草原就扑进了羊群，比前面那头狮子咬得更疯狂。北方的羊群整日活在惊慌和苦难中，甚至连吃草都不能吃得安心。南部的那群羊一边暗自庆幸着自己当初的选择，一边嘲笑着北方的羊群没有眼光。

终于，北方的羊群不堪重负，找来了上帝，在上帝面前大诉苦水，恳求上帝："上帝啊，恳求您把我们的天敌换成狼吧！"但上帝却皱着眉头说道："每一个人都要为自己的选择付出代价，天敌是你们选的，所以不能更改，必须世代相随。你们唯一的权利就是在这两头狮子里选择。"

无奈之下，北方的狼群只好不断地更换这两头狮子，但它们发现，这么做的损失更为严重。后来，它们索性不换了。于是，这两头狮子一头被养得膘肥体壮，另一头却饿得骨瘦如柴。眼看另一头狮子快要饿死了，羊群才恳请上帝把那头狮子换下来。

　　经过长时间的饥饿，这头瘦狮子明白了一个道理——不论自己多么凶猛，自己的命运还是操控在羊群的手中，如果自己做得太过分，羊群就会把自己送回上帝那里，让自己饱受饥饿的煎熬，甚至还有被饿死的危险。于是，当它再次来到北部草原的时候，它对羊群特别客气，只吃病羊和死羊，再不像以前那样对羊群穷追不舍。

　　看到这种情况，羊群喜出望外。于是纷纷提议说以后就要这头瘦狮子，不再换回那头肥狮子了。这时，羊群中的一位老者却走出来提醒大家："你们错了！瘦狮子之所以对我们这么好，是因为它害怕我们把它送到上帝那里挨饿。如果我们留下它，另一头狮子要不了多久就会被饿死，到时候，我们就没有选择的权利，这头狮子就会恢复它凶残的本性，不再对我们好了！"老者的这些话引起了羊群的一阵骚乱，它们面面相觑，觉得老者的话很有道理。于是，它们计算好时间，在另一头狮子饿死之前就把这头狮子换回去。

　　原先那头膘肥体壮的狮子现在饿得骨瘦如柴了，它也懂得了自己的命运是操纵在羊群手里的道理。于是，它也对羊群百般讨好起来。而那头被送到上帝身边的狮子竟然难过地流下了眼泪，甚至在饿的时候还对羊群承诺说："只要不让我饿死，我会尽量答应你们的所有要求。"就这样，两头狮子被不断地替换着。因为掌握了这个规律，北部羊群的生活渐渐变得好了起来。

但南部的羊群就没有那么幸运了，那只狼因为没有竞争对手，变得越来越凶残。每天都要咬死十几只羊才肯罢休。而且，这只狼早已不再吃羊肉了，而是每天咬死羊后喝羊的血。就这样，南部的羊陷入了绝望的深渊。它们心里常常哀叹："早知道这样，当初还不如选择那两头狮子呢。"

故事二：

很久以前，在一条繁华的大街上，两个饥饿的人踟蹰着，好像在祈求着好心人能给他们一些"恩赐"。没多久，一位老者来到了他们的面前，给了他们一张渔网和一筐鱼。其中一个人选择了一筐鱼，另一个人选择了一张渔网，而后他们就分道扬镳了。选择鱼的那个人抑制不住心里的喜悦，当下就用干柴搭起篝火煮起了鱼，然后就开始狼吞虎咽。甚至他都没吃出来是什么味道，连鱼带汤就吃了个精光。没过几天，他就饿死在空空的鱼篓旁。另一个选择渔网的人则提着渔网忍受着饥饿，去寻找大海。可就在他已经看到不远处那片蔚蓝色的海洋时，他却倒下了，眼巴巴地望着大海，带着无尽的遗憾离开了人间。

这一天，又是两个饥饿的人，他们同样得到了一位长者恩赐的渔网和鱼。在他们做出选择后，并没有像前两个人一样分道扬镳，而是商议一同去寻找大海。在寻找大海的路程中，他俩每次只煮一条鱼，经过几天的长途跋涉，他们终于来到了海边。两人打了一天的鱼，饱餐了一顿。从此，两人过上了靠捕鱼为生的日子。几年之后，他们分别有了自己的家庭，盖起了房子，过起了幸福的生活。

看完这两则故事，相信我们都已经了解到了选择的重要性。选择分为长远选择和现实选择，一个只顾眼前利益的人，得到的将只是短暂的欢愉。但一个人若是只有长远的目标而忽视眼前的现实，也是一种不科学的做法。只有将理想和现实结合起来，才能做出正确的选择，才有可能成为一个成功的人。

在美国，一家制鞋厂为了扩大市场，派了一名市场经理到非洲去做市场调查。这名经理意气风发地登上了飞机。但当他抵达目的地时，却失望了，因为他发现当地人全都赤裸着脚，根本就没有穿鞋子的习惯。他垂头丧气地回到旅馆，给老板发了电报："不行啊，在这里打不开市场，这里的人根本没有穿鞋子的习惯！"

接到电报后，老板皱起了眉头。他又找来了另一个市场经理，让他再去考察一次。这名经理接到命令后也是异常兴奋地登上了飞机，他期待这次能够取得成功。当他到达当地后，看到眼前的景象，他近乎疯狂地笑了起来。他抑制不住内心的兴奋，急匆匆地回到了旅馆，告诉老板："这里的人从来都不穿鞋子，市场潜力巨大，快寄一百万双鞋子过来吧！"没过多久，这家制鞋厂成功开发了这里的市场，获得了巨大的利益。

没错，这就是选择。在同样的环境、同样的条件下，但不同的选择却能带来不同的结果。其实，生活中的很多时候，我们都因为自己错误的选择而错失了很多"成功的机会"。相反，如果我们能够做出理性的判断，在理性分析现实条件的基础上做出正确的选择，就能挖掘出很多获得成功的机会。正如上面故事中的第二位市场经理一样，这就是我们常说的"有眼光"。眼光的长短，可以决定一个人能否做出正确的选择。眼光是一个人在长时间的经历中凝聚而成的一种内在的能力，也就是说，眼光是可以培养的。父母必须注意的是，孩子需要锻炼和培养眼光，并不是说父母要将自己的孩子扔到一边不管不顾，所有事情都让他们自己决定。因为认识的不足，孩子可能难以做出正确的选择。这就需要父母引导孩子多想想，引导他们多方面考虑问题，从而做出正确的决定。

嘉嘉今年16岁了，各方面都十分优秀，是高一年级的模范生。但这却并没有让父母放心地让她自由发展，相反，最近一段时间父母为了嘉嘉很是揪心，因为她非常认真地与同班的一位男孩相恋了。

一天，趁她在房间里写作业的时候，她的母亲借着给她送牛奶的机会与她进行了一次"偶然"的谈话。

母亲问她："你认为那个男孩是最好的吗？"嘉嘉点了点头，轻轻地嗯了一声。母亲又说道："这就好，妈妈相信你的眼光。不过你现在还小，你能保证将来你不会遇见更喜欢的？"

嘉嘉错愕地看着母亲，然后郑重地说："我心里只有他。"

母亲又说："我记得你以前说过，你将来要上大学，还要出国深造，成为一名律师。那你知道你在未来的时间里会遇到多少优秀的男孩吗？妈妈并不是反对你现在交男朋友，而是害怕你是一时冲动。如果将来你遇到更好的男孩，你会怎么办呢？你会不会为现在的决定后悔呢？"

嘉嘉表现出一副痛苦的表情，艰难地说道："但是如果现在离开他，我们都会感到痛苦的。"

母亲看到女儿面露痛苦，心生不忍之情，便转移话题说："你初三时买的那身连衣裙呢？"

嘉嘉一脸惊讶，问："妈，你怎么想起问这个了，现在哪还有人穿那个啊？"妈妈听女儿这么说，便决定借此机会开导一下孩子。所以，她接着说："对了，你能这样想就对了。那你还记得当初你买那条裙子时说的话吗？当时，你说这条裙子是世界上最好看的衣服，可你现在却不喜欢它了。"

嘉嘉陷入了沉默。母亲又说道："这就叫作一山更比一山高，你只有等经历过一些事情之后，才能知道自己究竟想要什么，才能把握住每一个属于自己的机会，才能取得更大的成就，才能在更为广阔的世界里遨游。等到那时候，你的选择才是最适合自己的。如果你和现在这个男孩真的有缘分，那等到那时候再让它开花结果多好啊！孩子，你要知道，人生不可能不做出让自己后悔的事情，所以必须要对自己负责，这样才能让自己的人生少一些遗憾。"听完母亲的话，嘉嘉长长地舒了口气，缓缓地说道："我懂了妈妈，我会好好考虑的！"

经过母女间的这次长谈，嘉嘉虽然不能马上下定决心做出选择，但至少她已经不再迷恋现在的感觉了，而且也懂得了只有经历更多才能做出最好的选择的道理。

人生无时无刻不在选择。面对人生迷局，唯有积极主动才能下出成功好棋。同时，父母必须让孩子明白，主动选择绝不是在选择项中简单取舍，而是顺应自身优势，理性研判未来，走好人生的关键步。不难看出，嘉嘉能有这样的感悟，很大一部分取决于母亲的引导。我们所说的"父母的引导"就是这个意思，即要把自己想让孩子做出的选择变成他们自愿做出的选择，这也就是我们常说的变被动选择为主动选择。

1631 年，英国剑桥商人霍布森正在从事马匹生意。他对前来选马的人说："我的马，无论是买是租，随你们的便，价格都很便宜。"

一眼望去，霍布森的马圈里有很多马匹，但却只有一个小门能够出去。这个小门只能供一些瘦小的马出去。因此，无论人们如何选择，选择的总是一些瘦小的马。

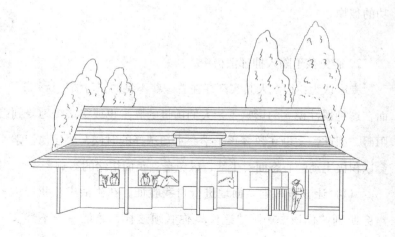

后来，管理学家西蒙讽刺这种没有选择余地的选择为"霍布森选择"，即人们自以为做了选择，而实际上思维和选择的空间是很小的。因此，我们在教育孩子的时候，关键在于要让他们学会主动选择。

如何教育孩子学会主动选择呢？

1. 让孩子明白主动选择的重要性

在如今这个飞速发展的社会，走向成功的模式日益多样化，但真正走向成功的往往是那些能够不断突破自我限制、积极掌握主动选择权的人。

即使是同样的机遇，放在不同的人手中也会有不同的结果。就像前面说到的美国制鞋厂市场经理的故事一样，只有具有主动性和能动性的人才能掌控机遇，才具备走向成功的条件，才能更好地抓住机遇，利用机遇，最终实现自己的人生价值。这也就是说，成功并非偶然，只有能够主动选择的人才能抵达成功的彼岸。

2. 避免孩子陷入抑郁消极中

专家认为：很多人其实都存在着一些不良的"习惯性认知"，而在这种惯性模式的影响下，人们前进的脚步也或多或少地受到阻碍。因此，父母在教育孩子学会主动选择的时候，要让他们学会以积极主动的心态面对生活，以免受到负面情绪的影响。

（1）让孩子科学全面地进行自我验证。在生活中，我们常常会听到"你该……""这件事你必须这样，才能……不然又会……"客观地说，说出这些话的人一般都具有高度的自负心理，他们总是想当然地把事情的发展想象成他们所理解的那个样子，一旦最终证明他们的理解与事实不符时，他们就会产生挫败感，甚至一蹶不振。因此，父母要教会孩子正确地认识自己，正确地认识世界，学会谦让和倾听，等到自己有足够的信心时，再下结论。这样不仅能够避免消极情绪的困扰，还能给别人留下一个良好的印象。

（2）避免孩子过度信赖"托付心态"。托付心态是大多数孩子在成长过程中都会存在的一种心态，这种心态会让人把幸福和快乐的主动权交在别人手里。也就是说，拥有这种心态的人不能自主地掌控积极的情绪，总是被别人的情绪影响。这种心态对孩子的健康成长和养成主动选择的习惯是极为不利的，所以父母要让孩子学会在客观事实的基础上，将自己的主观意志融入其中，不要因为他人的情绪变化而导致自己的心境起伏不定。

（3）教育孩子打破桎梏，突破自我。很多时候，很多事情，只要我们稍作改变就能够扭转乾坤，换来另一种结局。但是更多的人却选择了画地为牢，自我局限，始终执着于某种行为和处事方式而致使事态变得更为严重。因此，我们必须要认清现实，在如今这个竞争激烈的社会里，只有懂得变通的人才能够在人生的舞台上绽放自己的精彩。这就是主动选择，懂得主动选择的人能够理性地看待问题，正确地审视自己，并通过全面的能动思维为自己做出正确的选择。

此外，父母还要认识到一点：人生就是各种各样的选择重叠而成的一个过程。在这个过程中，在孩子还不懂得如何选择的时候，父母引导或者代替孩子做出的选择就显得尤为重要。因此，父母不要抱着患得患失的心理教育孩子。

人生就是在不断地选择—努力—选择—努力中得到发展，实现价值。所以说，选择是为了更好地努力，努力是为了下一次能做出更好的选择。至此，相信父母已经懂得教育孩子学会选择的重要性了。

放手之前，给孩子一些人生忠告

孩子喜欢和父母在一起，因为孩子天生渴望被了解、被亲近。但是，孩子也喜欢自由，特别是随着年龄的增加，孩子希望自己的一片小天地能够被父母尊重，他们有很多小秘密需要在夜深人静之时自己咀嚼。孩子在成长过程中需要自由和空间。如果想要孩子健康成长，就要让孩子有足够的自由空间，不要让孩子生活在父母的桎梏中。

很多时候，父母过度管教孩子，会扼杀孩子的天性，甚至会引发更为严重的后果。所以，在教育孩子的过程中，父母要给孩子留出空间，少管或者不管一些无关紧要的事情，培养孩子独立的习惯，信任孩子、尊重孩子的独立人格，鼓励孩子多思考。

但是，孩子拥有的人生经验很少，父母担心给孩子过多的自由会让孩子难以掌握人生的方向。因此，父母在把自由交还给孩子的时候，也要告诉孩子一些经验。

1955 年，敬一丹在黑龙江的哈尔滨出生了。她当了 5 年的知青，是末代工农兵学员。

敬一丹一直最尊敬她的妈妈。妈妈在她13岁那年和她说："吃苦是要学的！"敬一丹一直将这句话牢记心中。平时的生活中，敬一丹从来都表现得淳朴自然，从容不迫。敬一丹清楚地知道自己的位置，因此人们在电视节目中总能看到她一身朴素的样子。

对于敬一丹，杨澜有着这样的评价："一般的女主持人都和'媚'字有关，只有敬一丹不是。"确实，观众们在屏幕上看到的她总是穿着朴素，而从来不会穿着华丽的服饰、浓妆艳抹地出现。

很明显，母亲的忠告对敬一丹的人生起着十分重要的影响。所以，父母在给孩子足够的自由之前，可以把自己积累的一些人生智慧讲给他听，让孩子在飞翔的时候坚定自我。

父母要把自己的经验告诉孩子，让孩子健康地成长。

1. 社会不会等待你成长

父母要告诉孩子，人生中有些时候是没有后悔的机会的。人进入社会后，就好比站在一个大舞台上，注定要有自己的角色，无论是否愿意，但都要如此。所以，父母要告诉孩子，只有不断地强大、提升和成长自己，才能保持积极良好的心态面对竞争激烈、纷繁复杂的社会。

2. 要学会接受生活中的不公平

父母要让孩子知道，不是自己想要的东西都可以得到。在遇到挫折的时候，不要怨天尤人，因为抱怨并不能改变现在的处境。不要觉得社会不公平，也不要埋怨为什么自己得到的东西总是没有别人得到的好。

每个人都有不完美、不如人的地方，父母要教会孩子试着去接受自己的不完美，并努力发扬自己的优势，改变自己的劣势，以扭转形势。

接受并不代表放弃自己的努力，接受是让自己的心态平和。在困境中，接受就是调和剂，让自己有足够的缓冲时间以便重新崛起。在遭遇了社会的不公平对待时，我们必须首先学会坦然接受，再努力去改变。当然，自己已经尽力去做，但结局并未改变时，也没有必要苛责自己。

3. 牢记吃亏是福

有的时候，贪小便宜的人未必有好结果，吃亏的人反而更有福气。让孩子知道，一时的后退和让步不代表失败，不计较一时的得失，也不需要逞一时之勇。要让孩子知道，人后退是为了以后能更好地向前。

4. 逞一时的口舌之快是没有必要的

父母要告诉孩子，在生活中处理事情的时候，一定要考虑别人的感受，不能只想着表现自己，而要让别人也有展现自我的机会，不要让别人永远生活在自己的光环下，不需要时时刻刻在言语上压着别人一头，只有这样才能创造融洽的氛围。

聪明的人不是在每一次的交锋中都把别人打败，善于双赢的人才是智者。如果你时时都要在口头上压倒对方获得快感，这样容易使你失去对方对你的好感与信任。

5. 保持自省的好习惯

要让孩子经常进行自我反省，只有这样，才能不断地修正言行与方向，取得进步。假如孩子能长期坚持时常自省，那将会为今后的人生扫平不少障碍。

父母可以告诉孩子每天抽出一点时间反思自己的行为，例如：在处理人际关系时，做的事情有没有破坏人际关系？在和他人争论的时候，是不是有一些做错的地方？对他人说话时，是不是伤害到他人了？到现在为止，自己都做了些什么事情？有没有浪费时间？这些都对孩子的成长有莫大的裨益。

帮助孩子摆脱急躁心态

小仓是个急性子，复习功课的时候，总是急急忙忙地翻翻这本书又看看那本书，然后每次都感叹："啊呀，什么时候才能看完呀。"有一次，在做数学题的时候，小仓急急忙忙拿来就做，也没有验算，做到中间发现错了，就着急地用橡皮来擦，可是因为太用力了，几下就给本子擦破了，只好撕掉，再重新来，可是越急越出乱，结果那次作业写到晚上 10 点钟才写完，但仍错误百出。为此，小仓有时自己都着急得哭了起来，父母除了劝慰也找不到什么好的办法。

案例中的小仓十分急躁，这给他的生活带来了负面的影响。急躁是一种不良的情绪，急躁会使人心神不宁。急躁是神经系统的一种兴奋和冲动，急躁的人无论学习还是工作，往往不经认真思考、周密安排就很快进入兴奋和冲动的状态，结果是很难达到预期目标的。

急躁的人容易急于求成，在这种情绪的支配下，一旦事情遭遇挫折，他往往不能冷静客观地分析原因，而是带着更加急躁的情绪，赌气般以更大蛮劲去对待困难，胡乱地甚至是近乎疯狂地向困难猛攻。如果这样仍然不能奏效，他很快就会像泄了气的皮球，灰心了、退却了，自己跟自己生气了，甚至丧失了同困难做斗争的勇气。

急躁的人容易发怒。在现实生活中，我们常常看到，爱发脾气的人通常都是性子很急的人。急躁的人如果碰到令人生气的事，很少能够冷静和克制，往往是大发雷霆，做出一些伤人害己的事情来。

只有父母付出耐心才能培养出孩子的耐心。对于具有焦虑问题的孩子，首先要帮助孩子正确了解自我，帮助孩子冷静地对待自己所遇到的困难和挫折；面对焦虑不能逃避，鼓励他们诉说内心的不安和焦虑，通过诉说内心困苦和恐惧，释放他们因长期压抑而积累的心理疾苦；要帮他们分析产生焦虑心理问题的根源，帮助他们调整和完善自己的认知结构，逐步指导他们营造良好心境。在父母耐心的帮助下，逐步排除诱发孩子产生焦虑的因素，增强克服焦虑的能力，使孩子从焦虑的阴影中走出来。

培养好心态

要学会接受生活中的不公平

每个人都有不完美、不如人的地方，要学会接受这些不完美。

小明，只要坚持努力，相信你一定会如愿以偿的！

妈妈，为什么我这么努力了，还没有被评为三好学生？

社会不会等待你成长

父母要告诉孩子，只有不断地强大、提升和成长自己，才能保持积极良好的心态面对竞争激烈、纷繁复杂的社会。

小明，爸爸告诉你，你今天的努力程度，就是你明天的人生高度！加油！

保持自省的好习惯

假如孩子每天都能问问自己有什么收获，让自己比昨天进步一点点，坚持自省和反思，他将会取得更高的人生成就。

小明，给妈妈讲讲你今天有什么收获？

妈妈，我今天主动留下做值日生给班里的花浇水了，花开得很好看。

 **高情商家教思维**

1. 在正面管教培养孩子好心态方面，你有什么样的计划？

_____

_____

_____

2. 如何培养孩子的毅力？

_____

_____

3. 如何建立起孩子的自信心？

_____

_____

4. 你的孩子具有独立思考和独立选择的能力吗？

_____

_____

_____

5. 在对孩子放手之前，该给孩子怎样的忠告？

_____

_____

_____

6. 当需要抉择时，你能耐心地给孩子讲明白选择所带来的后果和
   需要承担的责任吗？

_____

_____

_____

第六章

塑造品质:
让你的孩子更优秀

让孩子学会言而有信

星期天，小羽的妈妈想带她去公园玩，可是小羽却拒绝了。

"你不是早就想让我带你去公园玩的吗？"妈妈感到很奇怪，"好不容易今天我有时间，你怎么又不去了？"

尽管妈妈的语气里已经带有恼怒了，小羽还是坚定地摇了摇头。

原来，小羽昨天答应幼儿园同班的小朋友来家里一起玩游戏。虽然她的确想和妈妈去公园玩，小朋友也可能不会来，但是她不能对小朋友失信。

"我约了朋友。"小羽说，"我不能说话不算数。"

"我当是什么原因呢，算了吧，说不定你的小朋友早就和妈妈去公园玩了，谁还会记得和你的约定啊。小孩子说的话有几句可以当真的。"

听了妈妈的话，刚才还很坚决的小羽有了一丝动摇，毕竟，她早就想去公园玩了，今天可是一个难得的机会。

在妈妈的劝说下，小羽放弃了在家等小朋友的打算，和妈妈在公园开心地玩了一整天。

　　"小孩子说的话有几句可以当真的。"上面故事中妈妈的这句话，可以说给小羽带来了非常不好的影响。孩子是单纯的，也是易受其他因素影响的，特别是朝夕相处的父母。所以，孩子是否言而有信，与父母的教育有直接的关系。如果父母希望孩子日后能够诚实守信，那么，父母首先要以身作则，教会孩子恪守信用。

　　孔子说过："人而无信，不知其可也。"意即信用是为人根本，不讲信用，难以在社会上立足。父母应让孩子懂得：人活在世上，必然要同周围的人打交道，而同学与同学之间、人与人之间的关系与友情，是需要诚信来维系的。古往今来，人们痛恨尔虞我诈、

轻诺寡信的行为，崇尚"言必信，行必果""一言既出驷马难追，说话算话"的君子作风。只有恪守信用的人，才有可能交到更多知心的朋友。

所以，作为孩子的家长应该把培养孩子守信的习惯纳入品质教育范畴，从小给孩子以严格的守信教育。

让孩子具有爱心

某幼儿教师曾对她所教的中班进行心理测试，其中有这样一个题目："一个小妹妹病了，冷得直哆嗦，你愿意借给她外衣吗？"当听到这个问题时，原本表现欲极强的孩子们顿时变得鸦雀无声，谁也不作回答。无奈老师只好点名。

第一个孩子说："病毒是要传染的，她穿了我的衣服，那我

也该生病了。我妈妈还得花钱。"第二个孩子则说:"我妈妈不让。我妈妈会打我的。"结果,半数以上的孩子都找出种种理由,表示不愿意借衣服给生病的小妹妹。

巧的是,这位老师的孩子也在该班,她实在不甘心这样的结果,就问自己4岁的儿子:"一个小朋友没吃早点,饿得直哭,你正吃早点,该怎么做呢?"见儿子不回答,她又引导:"你给他吃吗?""不给!"儿子十分干脆地回答。妈妈又劝:"可是,那个小朋友都饿哭了呀!"儿子竟然答:"他活该!"

现实生活中这样的例子还很多,孩子们的有些举动足以让人瞠目结舌。究竟是什么使这些孩子这样冷漠呢?其根本原因在于父母忽视了对孩子的爱心教育。父母在给孩子无私的爱的时候,一定要考虑这样的问题:孩子们是否意识到自己在得到爱和帮助的同时也应该为别人做点什么?如果没有意识到这一点,还以为享受这一切天经地义,那么,孩子很有可能会变成一个自私自利的人。

大多数自私自利之人都是从小养成的习惯,都是父母忽视了孩子的爱心教育造成的。其实,假如把孩子置身于一个集体中,这种自私表现就非常明显了。自私的孩子总怕自己吃亏,也绝不让自己吃亏。劳动时拈轻怕重;发新书时,把好书留给自己,把破书留给别人;出去坐车时,他总跑在最前头抢占最好的座位,从不让给老师和体弱多病的同学坐。关心他人的孩子却恰恰相反,他首先想到的不是自己,而是别人;他不怕吃亏,乐于助人。

如何培养一个有爱心的孩子呢?

首先父母要从自身做起，父母对朋友、对自己的父母要有爱心，对孩子言传身教。其次要相信，孩子的爱心是与生俱来的。爱心是融入热爱生命之中的，可以让孩子照料一些小动物，父母应该注意自己的行为，尽量规避在孩子面前做漠视生命的事情。除此之外，可以阅读和观看一些具有爱心教育的童话书和动画片。

培养孩子谦虚的品质

乐乐从 5 岁开始学拉丁舞，他的舞技日益精进，得到的夸奖也越来越多。乐乐开始骄傲了，有一天，老师对他说："乐乐，你的滑步角度有点儿偏，你看看宁宁，他就很标准。"乐乐听后很不服气，顶嘴说："我是按照要求来的啊，和宁宁跳的一样啊。"

老师又给他示范了一遍，乐乐很不情愿地重做了一遍。晚上，妈妈来接他回家，老师向她反映了情况。妈妈看着儿子骄傲地抬着头，就没说话领他回家了。回到家，妈妈说："儿子，你的确很棒，你的这些奖杯也是妈妈的骄傲。"

妈妈上网查询了一下，找到了一场有拉丁舞表演的晚会。妈妈买了两张票，周末带着乐乐一起去了。乐乐看完晚会后问："我能有这一天吗？"妈妈说："只要用心于每一个细节，就一定能有这一天，追求艺术的道路是无止境的，你可别为小成绩而自满啊！"

乐乐的妈妈是非常聪明的，她发现孩子身上有骄傲自满的苗头后，没有马上批评教育，而是利用带孩子观看高水平表演的机会，帮孩子认识到自己的不足。

"谦虚使人进步，骄傲使人落后。"这是父母应教会孩子的道理，让孩子养成谦逊的品质，能够在成长中不自满、不自傲，不断地追求进步。

培养孩子的孝心

情景一：在某一个城市的街头，一个十多岁的男孩和父母外出游玩时等公共汽车。车进站以后，这个男孩子一个箭步窜上车，神情坦然地找了个位子坐下，上来晚的父母只能站在儿子的座位旁。然而，这个小孩子对站着的父母却是一脸漠然，仿佛他们是两个与自己毫不相干的陌生人。车上的一位乘客看不过去，就说："孩子，应该让你的父母坐。"还没等男孩子做出反应，他的父母急忙说："让他坐，我们不累。"

情景二：有一个小孩特别喜欢吃苹果，于是，父母要求孩子每次想吃苹果的时候，都要同时拿 3 个，最大的给爸爸，第二大的给妈妈，小的留给自己吃。当一箱苹果只剩下最后 3 个时，孩子舍不得再分了。父母却告诉他：越是东西少的时候越是考验人，这个时候还能想到父母的，才是真正的好孩子。最后，孩子一边哭着一边分苹果。发完后，还眼泪汪汪地望着父母，希望父母不要把苹果吃下去。可是，他的爸爸妈妈却不理会，把苹果皮削好，在孩子的注视下，一口一口地把苹果吃掉了。

在当今的中国，很多家庭都只有一个孩子。独生子女往往成为全家人关注的焦点，再加上父母长辈对孩子的溺爱，很容易养成孩子只知获取、不知给予、事事以自我为中心的缺点。所以，父母在把所有的爱都给孩子的同时，不要忘了很重要的一点：培养孩子的孝心。

培养孩子孝心，应该从生活中的点滴做起，如要求孩子听从长辈的教诲，不随便顶撞，有不同想法应讲道理；自己的事情自己做，生活上严格要求自己，体谅长辈的艰辛，尽可能少让长辈为自己操心；懂得为父母分忧解难，在父母生病时，在父母有困难时，尽力去关心照顾父母、协助父母；在离家外出时，自己照顾好自己，注意安全，及时向父母汇报情况等。

让孩子学会里外如一

　　小雨现在读小学四年级，爷爷奶奶和爸爸妈妈就住在两个对面的居民楼里，小雨放学后有时候回自己家，爸爸妈妈没时间就到爷爷奶奶家。但是，最近爸爸发现小雨在爷爷奶奶家从来都不做作业，先看动画片，动画片看完后吃饭，吃完饭又看电视，等折腾到要做作业的时候，已经到了睡觉的时间了，于是只好第二天早上很早起来急急忙忙地赶作业。

　　小雨爸爸发现这种问题后，就不同意小雨的爷爷奶奶这么纵容小雨，说："你们应该让他回来后就做作业，做完作业之后可以看看电视什么的。"小雨奶奶马上叫起来了："小雨在学校一天，都那么累了，回来之后还不让他好好休息？"每当小雨爸爸辩驳说这样对小雨的习惯养成和学习都不好时，爷爷奶奶马上反驳："得了吧，我们都养了这么多年孩子了，你们不都成才了，你们没资格说！"

　　这样的争执每隔一段时间就发生一次，还没等到小雨爸妈寻找到合适的方法，又发现了小雨另一个坏习惯：如果在爸爸妈妈这里犯了错，第二天他一定找机会到爷爷奶奶那里告状，比如"爸爸昨天又批评我了""做完作业后还让我做很多额外的练习题"。当爸爸妈妈因此挨爷爷奶奶的批评时，他则在旁边开心得不得了。如果爸爸妈妈在某件事情上不肯让步，一定要惩罚小雨时，小雨就会在爷爷奶奶面前装作非常乖的样子，说："我知道我错了，是爷爷奶奶太娇惯我了，我改正。"让爷爷奶奶心疼得不行，更加强硬地为小雨说话，事情又不了了之。现在小雨的爸妈非常头疼：自己的孩子怎么小小的年纪就成了个两面派呢？

这个案例中小雨这样的情况实际上又是个隔代抚养的问题。在这里，爷爷奶奶和爸爸妈妈由于教育观点的不一致，实际上在教养小雨的问题上形成了权利的双方，双方为了小雨的教育问题在不断地开展"斗争"，小雨则学会了在双方的斗争中获得自己的利益。隔代抚养一方面是爷爷奶奶太娇惯孩子，纵容孩子养成一些不好的习惯；另外一个方面就是爷爷奶奶和爸爸妈妈在教育观点上存在分歧，让孩子无所适从。

在现实中还有许多孩子与小雨相同，也是"两面派"：有的在家里是"四体不勤"的小懒虫，在幼儿园却是得了小红花的"劳动标兵"；有的在家里是个多嘴的"小八哥"，在幼儿园却是个闷嘴"小葫芦"……

那么如何让孩子养成表里如一的习惯呢？

首先，家长与老师多沟通、多交流，结合老师家访，也需要家长经常校访，互相通气要求一致，使得孩子在校内与家里管理一致。

其次，父母在家里要做孩子的榜样，要求孩子做到的，自己首先做到。

再次，对待孩子严格要求也是爱的一种表现，严格要求下，孩子才能时刻约束自己的言行。同时用欣赏的眼光看待孩子，在肯定中使孩子逐渐养成表里如一的好习惯。

培养孩子的正义感

正义感要从小培养，未成年人遇到危险时要量力而为，做自己力所能及的事情。

让孩子具有爱心

从孩子刚刚懂事起，就要启发他们去主动关爱别人、关心别人，只有这样，才能培养孩子拥有一颗善良的心。

培养孩子的孝心

培养孩子孝心，应该从生活中的点滴开始，要培养孩子懂得礼让、懂得体谅、懂得关心照顾父母。

 **高情商家教思维**

1. 在正面管教培养孩子好品质方面，你有什么样的想法和计划？

   _____

   _____

   _____

2. 你的孩子说谎吗？你的应对方法是什么？

   _____

   _____

   _____

3. 怎样教育孩子见义勇为？

   _____

   _____

   _____

4. 如何培养孩子的爱心？

   _____

   _____

   _____

5. 如何让孩子具有谦虚的品质？

   _____

   _____

   _____

6. 家庭教育中，如何让孩子做到表里如一？

   _____

   _____

第七章

交际能力：

教孩子怎样与人相处

交际能力要从小培养

人与人之间相互联系的一种最基本的方式就是人际交往，这是最需要父母教给孩子的一种能力。假如你的孩子缺乏同龄的朋友，那么他可能会缺乏集体意识，当他进入社会时就会格格不入或是难以融入集体，自私自利，自我封闭。

其实，大多数孩子都希望自己能够自由地跟伙伴玩，也期待能有几个在思想上、学习上或者生活中和自己谈得来的朋友，期待能从朋友那里得到鼓励、信任和支持。当他和别人相处时，他在试着学会与人相处之道，也在试着去判断他是否喜欢某个人，是否能和他们玩在一起等。所以，父母不要对孩子之间的交往进行阻拦，而应该去引导他们从每一次交往中学会反思与总结。

既然交际能力对一个人如此重要，那么父母该如何做呢？

1. 与孩子多进行沟通

父母和孩子之间的沟通是培养孩子交际能力的一个重要途径。很多父母认为与孩子共同讨论是在浪费时间，因此不愿意那么做。他们没有意识到与孩子建立良好沟通的重要性。所以，父母要经常和孩子交流，要通过沟通多了解对孩子的想法，让孩子多发表自己的观点，好的观点要加以支持，错误的观点要加以引导，如此，才能更好地教育孩子。

2. 对孩子结交朋友给予更多的帮助

朋友是生活中不可或缺的。友谊会使孩子有一种归属感，父母要为孩子创造交友环境，帮助孩子拥有友谊，建立良好人际关系。在孩子们相互交流的过程中，父母要给予孩子一些引导和支持，通过接纳、款待他的伙伴等手段来让自己的孩子更顺利地跟别人交流；在孩子与朋友出现矛盾时，父母要引导孩子懂得道歉和宽容等。

3. 要鼓励孩子多参加集体活动

父母要多鼓励孩子参与到集体生活中，尽量做一些自己能做的事情，加强同学之间的交流，以获得同学的信任。每个孩子在集体中都会发现自己与众不同的地方，也能从中找到一个适合自己的位置。经常参加集体活动能帮助孩子形成一种互帮互助、不计较个人得失的团体意识。这种意识的形成，有利于孩子未来的人际交往和团队协作。

4. 挖掘出孩子的专长

专家经过相关研究认为："相同的兴趣是友谊的基础。假如你的孩子没什么伙伴，让他培养一些兴趣并辅助其发展，可以帮助他结交到更多的伙伴。"马克思与恩格斯的友谊，就是在志同道合、共同理想等诸多相同兴趣的基础之上建立的。因此，父母要挖掘孩子的各种兴趣专长，以帮助其结交更多兴趣相投的朋友。

5. 传授给孩子一些交往技巧

随着社会的发展，现在的孩子都很有个性，拥有一定的交际技巧，孩子才能与他人长期保持良好的关系。父母可以把一些交往技巧传授给孩子，帮助孩子赢得友谊。

帮助孩子在与人交往中获得他人的好感，有下面方法可以作为参考：

(1) 使用如"谢谢""拜拜""您好""不客气"等礼貌用语，不要讲粗话，也不要做不礼貌的动作。

(2) 和同龄人打招呼问好要主动。

(3) 在同学交往中，对同学的不足和错误要尽量宽容，不要总是斤斤计较。

(4) 与人交往不要总要求回报，应该注重给予。

(5) 在别人说话的时候要仔细倾听，不可以随意打断，不要自顾自做自己的事情。

(6) 不要在背后谈论别人，对别人的秘密和隐私也不要打听，更不能大肆宣扬别人告诉自己的隐私。

(7) 要真诚对待别人，要诚实守信，不说假话骗人。

(8) 不要用捉弄、嘲笑的方式吸引别人的注意，这样更招别人的讨厌。

(9) 和同学的相处中，要能看到别人的优点和长处，多给予别人赞扬，不要总是处处炫耀自己。

(10) 与别人交谈要尽量多说一些双方都感兴趣的话题。

(11) 同学往来不要过分物质化。

(12) 对待自己的成绩不得意忘形，对他人的情感要给予体谅。

(13) 学会带动其他同学参与到集体交流中来，让大家一起进行讨论。

孩子被朋友排斥怎么办

星期二是顾伟所在学校的"家长开放日"，顾伟的妈妈一大早就来到儿子所在的班级听课。

下课后，顾伟的妈妈站在教工办公室的窗口，观察儿子的表现，发现平时在家喜欢说笑的儿子，课间休息却一直没有玩伴。操场上，很多孩子三个一群、五个一伙地在玩耍，顾伟却一直是孤零零一个人。有时，他在欢乐嬉戏的同学身旁徘徊。从顾伟羡

慕的眼神来看，顾伟是很想加入同伴的行列的。顾伟的妈妈连续观察了三次课间休息，情况都差不多。她隐隐觉得自己的儿子正受到同学的排斥。

中午休息时，她赶紧找到儿子，问他为什么不和其他同学一起玩耍。顾伟小声回答："他们不愿意和我玩。"妈妈问他为什么，他却摇摇头说："我也不知道。"

在这个案例中，很明显的，顾伟小朋友在同学们之间受到了排斥。

孩子进入到学校后，越来越看重同学和朋友对他的喜欢、赞成和支持。如果没有朋友，或者不被同伴所接受，孩子容易对自己产生不满、自卑等情绪，并出现社交退缩，把自己封闭起来；同时，由于对自己与他人的关系不满，孩子容易产生对社会的强烈不满，严重时会引发反社会情绪和行为。

和同伴关系的不好会影响孩子的心境，闷闷不乐、抑郁，严重的时候会使孩子产生自残、自杀等冲动行为。和同伴关系不好所带来的焦虑会导致孩子注意力不容易集中、学习心态不佳等。

孩子不受同伴欢迎的原因大致有下列几种：

一种情况是刚从外校转入的孩子，在一段时间内可能会被同伴视为"外人"，不被同伴团体接受。随着彼此认识的加深，"外来"的感觉日益淡化，孩子会逐渐被团体作为"自己人"而接受。这是来自外部的原因。

另一类情况是由孩子自身所具有的某些内在的因素造成的。一是孩子缺乏谈话技巧，不能用合适的语言把自己的需要传达给别人，也不理解别人的需要和想法，因此，他的行为往往是唐突的、让人难以理解的。

二是孩子在竞争性活动中，一心只想自己赢，并不关注跟别人的配合，有时口出恶言，甚至与人打架。

三是孩子的身体运动技能较差，难以与别人协调起来。这样，在一些带有竞争性的游戏活动中，孩子便成了不受欢迎的人。

四是孩子喜欢道人长短，爱吹牛，动作粗暴不谨慎等，容易引起同学的不悦，当然也就不愿接近他了。

当孩子受到伙伴排斥时，父母可以从以下几方面入手来帮助孩子：

1. 要积极关注孩子的交友情况

孩子的同伴关系对孩子的健康成长至关重要。父母应该像关心孩子的身体、成绩一样，积极关注孩子的交友状况。当孩子向父母讲述学校里发生的事时，父母要认真倾听；如果孩子在与同伴的交往过程中出现了问题，或者陷入困境，父母应该及时向孩子提供咨询和帮助。

有些孩子可能比较内向，不太会主动向父母"汇报"，特别是随着年龄的增长，孩子会越来越对父母"保密"。这个时候，父母千万不能被动地接受这种局面，或者干脆对孩子的一些事情不闻不问。其实，这个时期的孩子最容易有"心事"，最需要父母的帮助。因此，父母可以"主动出击"，经常询问孩子在学校与同学交往的情况：孩子都有哪些朋友？朋友之间发生了什么事？孩子是如何处理同伴关系的？等等。当然，这样做的时候一定要注意方法，要让孩子感到父母是关心他，而不是想控制他。

父母应该与老师保持经常性的联系。在与老师联系的时候，除了需要询问孩子的学习情况、纪律表现以外，父母不要忘了关心孩子的交友情况。父母要经常向老师了解孩子的人际交往状况，如果发现有问题，还要与老师商量，共同寻求帮助孩子的途径和措施。

2. 要了解孩子的长处与短处

当孩子与同伴的关系出现问题时，作为帮助孩子摆脱困境的第一步，父母应该充分了解分析孩子的长处和短处。对孩子的了解绝对不能只根据孩子与家人的交往情况来判断，而是要深入孩子所在的学校和班级，根据孩子与同伴的相互作用情况来判断。通过对孩子一段时间的观察和分析，父母确定孩子在人际交往方面的长处和短处，然后，有针对性地对孩子开展训练。

3. 要训练孩子的交往技能

对孩子进行交往技能的训练，可以帮助孩子顺利进入同伴群体，也让他以后能为他人和社会接受。家庭可以成为对孩子进行社交技能训练的最佳场所。因为，家庭是孩子进行社会活动的第一团体。训练内容可以包括介绍自己的情况、询问别人的情况、表达兴趣、接受或拒绝对方等。

4. 提高孩子的运动技能

运动技能好的孩子往往在游戏活动中受欢迎。父母应多给孩子安排可以提高和训练身体技能的活动，如家庭游戏、球类运动、游泳等。

5.注意保护孩子的心理健康

受同伴排斥和拒绝的孩子容易产生不良情绪，如挫折感、沮丧、自卑等。因此，父母应注意以下几方面：首先，避免指责、嘲笑孩子。父母不应该指责孩子，"像你这么笨的人，当然交不到朋友""为什么这么多同学都不喜欢你，肯定是你有问题"，这些话会加重孩子的心理负担，也会加剧孩子的自卑。其次，安慰孩子。父母应该向孩子表示关注、理解和同情。不要在孩子面前"大惊小怪"，更不要夸大问题的重要性和严重性。父母可以故作轻松地表示：问题并不如想象的那么严重；问题不难解决；同学们可能是一时误会，随着了解的加深和孩子的努力，问题会得到解决的；愿意和孩子一起面对这个问题，帮助他处理困难。父母应向孩子强调，"家"永远是他避风的港湾。最后，策略指导。家长可以指导孩子学会处理和排解不良情绪，告诉孩子一些有效的策略：找人倾诉、大哭一场、写日记等等。

孩子被朋友误会怎么办

梦云是一所普通初中的学生，平常性格内向。有一次放学后，梦云走到校门口的时候，被同桌和另外几位同学拦住了。同桌先是开玩笑地说："梦云，你今天说了什么话了？"

梦云很奇怪地问："什么话？"

同桌很生气地说："我昨天对你说的我堂妹（她们两人在同班）的事情今天怎么别人都知道了？害的她今天来找我算账！"

梦云委屈地说："我确实没有说，你让我不要告诉别人，我当然不会告诉。"

但是同桌不相信，甚至说出了很多有辱人格的话，认为梦云是个小人，不值得相信。争执了很长时间后，双方不欢而散。这件事情让梦云极为恼怒，认为同桌不相信自己，是对自己人格的侮辱，同时对同桌也充满怨恨，认为同桌让自己在同学面前变成了叛徒。为此回到家后她痛哭不止，父母觉得不就是没保守秘密嘛，也没什么了不起。梦云哭着说："你们根本就不懂！"

同学之间发生误会是很正常的事情，但我们不能因此而认为同学之间的误会是小事情，没什么大不了。梦云这个阶段的中学生非常注重友谊，朋友之间会分享一些秘密，但是一定要遵循保密原则，如果谁违背了，就再难以赢得友谊。所以梦云遇到的这个问题，如果不妥善解决，肯定会对其同学关系和名誉都造成比较大的伤害，而父母却没有想到有这么严重的后果，所以梦云才会说："你们根本就不懂！"

朋友间不光是温情和欢笑，不光是你好、我好、大家好，朋友间也会出现矛盾，矛盾是友情的试金石，是对朋友关系的考验，经不起这种考验，朋友也就散了；经受住了这种考验，朋友间的感情就会更加深厚。面对朋友间出现的矛盾，我们应立足长远，冷静思考，积极化解，不要轻易地抛弃朋友。

朋友间出现误会，双方都应冷静下来，应该放下面子，敞开心扉，坐下来好好谈一谈，谈一谈当时自己的想法和冲动，谈一谈你们曾经有过的快乐和忧伤——相信随着话题的扩展，你们对彼此的了解会更加深入，你们的心也会贴得更近的。

对于这种误会，父母可以：

1. 劝导孩子坦然地面对

因为事情确实不是孩子做的，真相总有澄清的那一天，只是时间的问题。所以，误会发生后，不妨冷静地面对，因为即使现在极度伤心难过也于事无补。父母可以陪伴他参加一些自己喜欢的活动，把不愉快的事情暂时放在脑后。

2. 找出原因，做出解决

在坦然面对的基础上，要冷静思考这件事情的原因，找出解决的办法。如果能够找出原因，误会就会烟消云散。如上例中的梦云可以平心静气地和同桌谈一谈，讨论一下当天的情况，分析一下是否还有别人知道这些事情，当时两人说话的时候是否有别人听见。如果在和平商谈的基础上无法解决问题，可以借助老师的力量来了解这件事情。

孩子被伙伴欺负怎么办

孩子在学校或者与小伙伴玩耍时，被同伴欺负，回家向父母诉说的事，是常见现象。

孩子受到小伙伴欺侮，父母的行为反应大致有如下几种：

第一，心疼孩子，责怪自己孩子无能，教孩子"以牙还牙"。

第二，责骂自己的孩子，把责任全部揽到自己孩子身上。

第三，带着孩子上门兴师问罪。

第四，了解受到欺侮的原因，谨慎对待，指导孩子端正自己的言行。

正确的做法是第四种。父母心疼自己孩子，这是可以理解的，但是责怪孩子无能，教孩子"以牙还牙"，或者不问青红皂白，简单武断地认为是其中一方的错误，这些做法都是不可取的。因为这些做法会造成孩子失去正确的是非观，对孩子的身心发展会产生不良的影响。

专家建议：当孩子被欺负时，父母首先要安慰孩子，如"你被明明欺侮了，爸爸妈妈心里也很难过"。然后，弄清受欺侮的原因，指导孩子端正自己的言行。

1. 忍让、不予理睬

对孩子因交往中的小事情受欺侮，父母应教育孩子采取忍让、不予理睬的办法。这有利于养成孩子谦让、宽容的良好品质。

2. 适当回避

对经常欺侮人的小朋友，父母可让孩子采取回避的办法，减少和这样的小朋友接触的机会。

3. 据理力争

孩子受到侵犯，如果父母一味教孩子忍让、宽容，长此以往，会使孩子变成一个"小绵羊"，性格软弱容易退缩，心理受到压抑，不利于孩子身心健康发展。父母应该教孩子向欺侮他的小朋友表明自己的态度，如："你欺侮我是你的不对，这次我原谅你。下次再这样，我就不让你了。"

4. 通过家长之间的交谈解决

在必要的时候，父母可以出面和对方家长交谈，对问题的解决达成一致意见。但要注意的是：千万不要因孩子之间的事情引起家长之间无谓的争执，而要努力促成问题的解决。

帮孩子找到真正的益友

读初二的苏哲近段时间铅笔盒中总是堆满了圆珠笔和钢笔。父母都很奇怪：平常都没给他多少零花钱，他哪里来那么多笔？问苏哲笔是从哪里来的，苏哲说是班里的同学给的。父母很怀疑，因为班里面的同学怎么可能无缘无故地给苏哲笔呢？再追问下去，苏哲才吞吞吐吐地说出了真相。原来苏哲班上有几个学生离学校特别近，他们不知道怎么知道了学校门口商店的仓库位置，这个仓库是铁皮的，他们将铁皮开了一个窗口，然后每天晚上约好用钩子将商店仓库的东西钩出来。把东西偷出来后，再用铁皮把那个窗口掩护起来。他们把一部分文具、食品等东西分给班里的孩子，并且威胁他们："绝对不能告诉大人或者老师，否则要你们好看！"

苏哲父母一听这件事情非常害怕，孩子居然是在这样一个环境里面读书，假如这几个孩子将苏哲带坏了可怎么办？

在这篇案例里，苏哲父母的担心是十分正常的，因为"近朱者赤，近墨者黑""染于苍则苍，染于黄则黄"。所以，父母不仅要教会孩子分辨身边的朋友是益友还是损友，还要教会孩子学会选择益友做朋友。

像本案例中的情况，父母第一件要做的事情肯定是通知学校，因为苏哲的几位同学已经构成了违法犯罪。同时，父母还要对苏哲的交友观进行教育，防患于未然。

培根说："朋友之间可以从两个方面提出忠告，一是关于品行的，一是关于事业的。"朋友在品行方面的苦口婆心及良言相劝，能帮助在迷雾中的知己得到安慰和疏导。对于自己孩子的交友情况，父母要注意引导孩子学会选择真正的益友。

对于交什么样的朋友，一般来说，有以下几种：

1. 交志趣相投的朋友

志趣相投是交友的首要标准，所谓"道不同，不相为谋也"，志趣相投的人在一起才更容易聊在一起，相互理解，建立长久的友谊。

2. 交品德良好的朋友

交朋友应该交正直的、诚实的人，不能交那些虚伪的、花言巧语的、手脚不干净甚至违法犯罪的人。比如这个案例中的苏哲父母，就要教育苏哲不能与班级里面从事偷盗活动的同学为友。

3. 交比较可靠的朋友

交朋友就是说要结交那些能够指出自己的过失、患难与共的人。"人非圣贤，孰能无过"，当你做事情的时候，能够有朋友提出一些宝贵意见，当你犯了错误，朋友能够及时指出来以帮助你改正，是人生一大幸事。

4.交优秀的朋友

在学下围棋的时候，一定要跟比自己棋艺好的人下，才能够提高得比较快。交友之道也是如此，与优秀的人交朋友，有利于自己的提高与进步。

父母在传授交友之道的基础上，也要关注孩子身边的朋友，要帮助孩子提高分辨能力，以免交上"损友"，给孩子带来不好的影响。

培养孩子的领导能力

程明进入幼儿园，老师让大家自我推荐竞选班干部。程明回家和妈妈商量，有班长、劳动委员、纪律委员、音乐委员和体育委员以及各科小组长。程明想当劳动委员，任务是分配每天的值日生，并协助值日生做好卫生工作。

妈妈听后却说："这个活又脏又累，你还是别当了。"这样一来，他就放弃了竞选劳动委员，但是其他的班干部职位，程明都觉得自己能力不够，不是最佳人选，于是他放弃了这次竞选。班干部成员很快选出来了。

幼儿园的小朋友们很快就以班干部为"领头羊"，积极地开展各项学习及活动了。程明看着班委们很有领导气势，带着小朋友们一起完成各种活动任务，他顿时觉得自己形单影只，后悔没有竞选劳动委员。

在这个案例中，程明的妈妈错过了培养孩子领导能力的一个好机会。

什么是孩子的领导才能呢？一群十一二岁的女孩在美国华盛顿卡斯德山脉郊游时迷了路。经过一个惊恐之夜后，一个女孩哭着说："大人们不会找到我们了，我们都会死的。"而11岁的埃文托丝坚定地说："我们不会死。我听大人说，顺着小河走，就会走到大河，然后就可找到城镇。请大家跟我走。"她们沿着河边灌木丛艰难跋涉，终于听见有人说话的声音。孩子们齐声呼救，终于被人们救了出来。

你的孩子有像埃文托丝那样的领导才能吗？

领导才能不是天生的，而是后天培养的。有领导才能的孩子主动性强，好奇心强，喜欢尝试新的活动并能起带头作用，有一定的号召力，有热情，有感染力，充满勇气。孩子们也是喜欢当"头头"的，在孩子的打仗游戏中，孩子们常为了谁当"头头"而争执不休。当上"头头"，孩子从中找到自我价值和说了算的感觉，也把别人都听自己的当作一种成就感。

要怎样培养孩子的领导能力呢？孩子最好的榜样就是父母，你首先需要成为孩子具有领导力的榜样，平时让孩子独立完成任务，让孩子多读一些成功者的书，教导孩子学习和理解他人，帮助孩子成为优秀的沟通者，引导孩子认识到团队合作的重要性，告诉他们团队中每个人都很重要，鼓励孩子面对困境不轻言放弃，而要勇于担当，养成敢于负责任的精神。这些都是培养孩子领导力的核心。

孩子被朋友误会怎么办

同学之间发生误会是很正常的事情，不要责备孩子。父母应引导孩子坦然地面对，并找出原因妥善解决。

孩子被伙伴欺负怎么办

父母在了解孩子受到欺侮的原因后，耐心指导孩子端正自己的言行，并做出适当的指导。

孩子被排斥怎么办

孩子不受欢迎时，父母要帮助孩子分析原因，理性沟通，排解孩子的不良情绪，保护孩子的心理健康。

高情商家教思维

1. 如何从小培养孩子的交际能力？你觉得自己的孩子还需要掌握
   哪些交友技巧？

   _____

   _____

   _____

2. 孩子被朋友或者同学排斥了，如何让孩子重新融入他们之中？

   _____

   _____

   _____

3. 孩子被朋友误会后应如何消除误会？

   _____

   _____

   _____

4. 孩子被伙伴们欺负了，作为家长应如何帮助孩子？

   _____

   _____

   _____

5. 如何帮助孩子找到真正的朋友？

   _____

   _____

6. 如何在交友的过程中帮孩子提升领导能力？

   _____

   _____

第八章

抗挫折能力：
丰富孩子的人生经历

重视挫折教育

初中生军军平时在家养成了娇惯懒惰的性格。正巧军军妈妈听说有一个单位要搞挫折教育夏令营，声称参加这个夏令营，可以让孩子在挫折中受到前所未有的锻炼，自此变得坚强独立；还说通过夏令营，将对孩子的一生产生重大影响，让其终身受益。于是军军的妈妈便给孩子报了名，让他参加挫折教育夏令营。在送他去夏令营时，全家人像欢送亲人远征一样将孩子送上了征程。

没想到的是，12 天的夏令营活动，军军就打来几十次电话，声称不堪忍受其苦，家人更是如坐针毡。总算熬到夏令营结束，又像迎接凯旋的战士一样将儿子迎回了家。

可这一次回家以后，军军非但没有"不再娇惯、懒惰"，反而变本加厉。他总是以参加过挫折教育夏令营为借口，要挟家长，提这样那样的要求；还动不动就发脾气，像是得了大功回府的将军。

对于让孩子在挫折夏令营里接受挫折教育，与案例中军军父母的态度不同，一位在教育一线工作了多年的教师从来不相信短期训练能让孩子脱胎换骨的说法。他认为，培养孩子的抗挫折能力，绝非一日之功，事实上，要培养孩子抗挫折的能力，家庭教育最为重要，身边小事最为有效。他自己在教育孩子时有自己的一套办法，在孩子刚学走路的时候，他就有意培养孩子的吃苦精神和抗挫折能力。比如，孩子在父母面前摔倒了，哭着要父母拉一把，他不会马上去拉，而是鼓励儿子说："你能行！"在孩子三四岁的时候，一家人去植物园，看到别的小朋友都由父母抱着，小家伙也要让父母抱。但他却对孩子说："你要坚持自己走，你是一个棒小子！"孩子没再让父母抱，而是很带劲地自己走起来。

暑假刚过，当记者采访一些家长关于孩子假期参加吃苦夏令营、挫折教育夏令营的情况时，他们大都困惑不解。孩子虽然吃了一点苦，但吃苦之后的负面影响却在很长时间内挥之不去，这是为什么呢？

因为挫折教育并非一朝一夕的事。

儿童教育专家认为，挫折教育应当重在培养孩子心理上的抗挫折能力。比如，一些孩子在生活或者学习上受了一点点挫折，便离家出走甚至自杀。

现在的孩子大多生活环境和条件非常优越，他们很少体验到挫折，不仅缺乏面对挫折的心理准备，也缺乏解决挫折的勇气和能力。父母应该意识到培养孩子心理抗挫能力的重要性，在平时的生活和学习中可以有意识地设置一些困难情形，以磨炼孩子的意志，使孩子做好面对困难和挫折的心理准备，养成一定的面对挫折的能力。

挫折教育就在身边。

一位幼儿心理学专家曾说过："有十分幸福童年的人常有不幸的成年。"很少遭受挫折的孩子长大后，会因不适应激烈竞争和复杂多变的社会而深感痛苦。现实生活中，没有人能事事顺心，每个人都会碰到各种各样的挫折，成功者与失败者的区别就在于对待挫折的心态与承受能力。

美国哲学家爱默生指出："世界上最光辉、最宏伟的事业就是使个人站立起来！"倘若我们的父母总不让孩子"长大"，总怕他们摔倒而不让他们独立地"站起来"，那他们将来要怎样独自面对社会上激烈的竞争呢？

教会孩子在挫折面前调整情绪

　　木子做什么事都很努力，希望自己做什么都是最好的。木子是一个学习成绩优秀的孩子，因此得到老师的赏识。木子课余的时间学习了钢琴，也弹得很好，大家都说她考级一定没问题。在初二时，木子参加了钢琴八级的考试。那一天，木子很紧张，人还没进考场，手就开始发凉，到了考官面前，手抖得不听使唤了，结果准备的曲目没有弹好。但是木子没有完全丧失希望，她觉得自己也许能通过，但结果是木子没有通过。很少哭的木子大哭起来，一边埋怨自己，一边说自己讨厌弹琴。在一边的父母一直想安慰孩子，但是木子却哭得更厉害了。

　　在这篇案例中可喜的是，木子有着很强的自信心。但是只有自信心，相信自己可以做好还不够，还必须要有坦然面对失败的勇气。木子在平时可以弹得很好，说明失败的原因是心理压力大，临场紧张所导致。加之，临考前他人对木子的预测，使木子觉得如果没有通过定会受到嘲笑，这就加强了木子的不合理信念："我必须通过"。心理学上讲，过高和过低的动机均不能使人把真实水平表现出来。所以木子考级结果不尽如人意。因为木子一直保持优秀，于是这场失败给木子的打击是前所未有的，这时，父母要引导孩子积极调整自己的心态，而不能被一次挫折和失败打倒。要引导孩子在挫折面前调整好情绪，要正视、接纳挫折，要勇敢面对挫折，从挫折中反思总结，以不断地提升自己。

让孩子勇敢面对而不是逃避

情景一：小东是一个聪明的 5 岁小男孩。在一个星期天的上午，他的妈妈在剪纸，不一会儿就剪出了一只美丽的蝴蝶花。在旁边玩耍的小东看到了，非闹着妈妈教他剪纸不可，妈妈没办法就教他如何去剪。小东非常聪明，过了一会儿，蝴蝶花的轮廓就展现在眼前，一张美丽的剪纸眼看就要剪成功了。可是就在这个时候，小东不小心把纸剪断了，他立刻叫喊道："我再也不要剪

纸了，我要把它全撕掉！"看到儿子哭得这么伤心，母亲就哄儿子说："来，不哭了，妈妈再教你剪一个啊。这个没剪好，不怪东东，都怪这个剪子不好使，我们再去找把好的剪子，这次一定可以剪出一个漂亮的蝴蝶花。"

情景二：苏珊珊是柏林一所幼儿园的教师，她有一个正在读小学的可爱女儿，她非常疼爱女儿，但从不溺爱。有一次，女儿要跟同学一起去郊游，临行前，苏珊珊虽然发现女儿忘了把食物和手电筒装入背包，但她没有提醒女儿。结果旅行回来，女儿说这次旅行自己忘东西了。这时，苏珊珊才问女儿是怎么回事，并帮女儿分析了原因。最后，女儿表示："以后出门前一定要先列一个物品清单，那样就不会忘记带东西了。"

第一个故事中，本来孩子是想获得我们的认可，可是眼前的糟糕局面与他的憧憬形成了巨大的反差，也因此很容易引起他情绪上的剧烈波动，他认为眼前的局面已经无法挽回了。面对这种情况，父母应该教孩子鼓起勇气去面对这种挫折，而不是找借口帮他们逃避责任。因为在以后的人生旅程中，他们要面对的挫折和困难比这大得多。在孩子小的时候不让他受点挫折，那么你又怎能保证他能一辈子一帆风顺呢？

一些爱子心切的家长生怕孩子受到一丁点儿的委屈，有意或无意地替孩子去承担某些本应由孩子自己面对的困难和挫折。而这样做的结果，只会使孩子失去了在挫折中成长的机会，让孩子变成温室里的花朵，一旦到"室外"，就会变得敏感、易怒，爱发脾气，推卸责任等。试问这样的孩子，又怎可能在广阔的天地中自由翱翔呢？

父母应该明白，孩子总有一天是要去更广阔的天地闯荡的，我们无法永远保护孩子，但是我们可以教给他们认识生活和社会的能力，教他们勇敢面对生活中的各种困难和挫折。因此，父母要有意识地培养孩子战胜挫折和困难的能力。

从孩子蹒跚学步开始，父母就应该开始培养孩子坚强的性格。在孩子跌倒后，父母不应赶紧去扶，而要不断地鼓励孩子自己爬起来。此外，父母可以在顺境的情况下，有意识地给孩子设置一些障碍。

事实上，适当为孩子创造一些逆境，对孩子以后的成长和发展是有益的。一个没有经受过挫折、磨炼的孩子在困难面前往往容易退缩。所以，我们的父母请一定要记住，要教会孩子勇敢面对挫折和困难，培养孩子的韧性和耐挫力。

重视孩子独立能力的培养

　　陕西省咸阳市一所小学里的四年级的一个班要组织一次野营拉练活动，孩子们兴奋异常。可是当他们把消息告诉父母后，父母们却纷纷表示"震惊"，多数家长强烈反对。孩子们与父母"磨"了好几天，57人中才有30人的父母勉强同意。可是临到出发时，又有几名孩子被他们的爷爷奶奶连哄带劝地拖回去了。

　　有家长说："这么小怎么能走这么远的路？路上车撞着怎么办？走不动咋办？"

　　有家长说："什么活动不好搞，学校偏要搞这么危险的活动，出了事谁负责？"

　　有家长说："路程太远，如果缩短一半，还可以考虑。"

　　像案例中的父母的这种爱子方式实际上是错误的。孩子玩耍时，有些父母一般不紧盯着，一旦孩子摔倒了，他们往往只在远处注视，让孩子自己爬起来，孩子也很少哭。另一种我们常见的情况是，孩子玩耍时，父母常常是紧跟在孩子后面，大声地喊叫：

"别跑，当心摔着！""别走远了，危险。"当孩子不小心被绊倒时，父母会赶快上前抱起来，又拍又哄，孩子本来并没有哭，这时反倒大哭起来。

人生充满着风雨，充满着意外和艰辛。而父母要为孩子做的是：从小培养孩子自理、自主、自强的能力，让他有胆量独立地走向生活，去搏击属于自己的人生。

如何培养孩子独立能力？

1. 大胆放手，还孩子自由

凡是孩子自己的事，放手让他独立去做。比如说，让孩子自己穿衣服，也许孩子会把扣子系得乱七八糟，会出错，会浪费时间，会带来许多麻烦，但是只有这样，孩子才会从中汲取经验，学会自己穿衣服。

2. 培养孩子独立解决问题的意识

家长要引导孩子独立思考、勇于实践，帮助他们不断地成长起来。要想让我们的孩子具备独立解决问题的能力，就应该放手让孩子独立分析、解决自己遇到的问题，遇到事情要冷静，积极设法解决问题，而不是消极地等待。比如说，让孩子自己选择穿什么衣服；当遇到与小朋友打架时，让孩子自己去处理；在遇到有关孩子的事情上要征求孩子自己的意见。或许在此过程中，孩子会做得不十分恰当，但是就是在这些小事的处理过程中，孩子才渐渐成熟起来。

3. 用欣赏的眼光和话语鼓励孩子

孩子毕竟是孩子，解决问题的方式及能力也许不合乎我们的观念，但是我们要用欣赏的眼光看待他。给予孩子一个欣赏的眼神，给予孩子一个鼓励的行动，这些都能给予孩子无穷的力量。孩子会在这些眼神和行动中更积极地去解决遇到的问题，提高自身独立行事的能力。

学习原来这么难，不如明天看看小明的答案，多简单！

遇到问题不敢面对，是对自己能力认识不足及缺乏自信的表现，家长要坚持让孩子自己完成或寻求帮助去完成。

这破飞机有啥好玩的？我再也不学着自己做航模了！

孩子遇到困难自暴自弃轻易放弃时，家长要多鼓励，让孩子重拾信心，知难而进。

游泳这么难学，我再也不想学了！

成长中遭遇挫折并非坏事，但陷于挫折而不能自拔，势必对孩子的身心健康造成消极影响，如使孩子丧失自信心，使孩子感到焦虑、自卑等。

高情商家教思维

1. 在挫折面前，孩子通常的表现是什么样子？你对他的表现是否
   满意？如果不满意，提升的方向是什么？

   _____

   _____

   _____

   _____

2. 在面对挫折时，如何帮助孩子学会调整情绪？

   _____

   _____

3. 既然无法逃避挫折，如何教育孩子勇敢面对挫折？

   _____

   _____

   _____

4. 如何培养一个坚强的孩子？

   _____

   _____

   _____

5. 如何培养一个内心独立强大的孩子？

   _____

   _____

   _____

第九章

打破常规：
让孩子展开想象的翅膀

让想象展开翅膀

双胞胎兄弟小聪和小明上三年级了。两个孩子从小就热爱绘画，有丰富的想象力，经常做一些同龄孩子想不到的事情。弟弟小明还在学校的想象画比赛中获得了第一名的好成绩。

夏天，爸爸带着两兄弟去游泳。两人都不敢下水。爸爸再三劝说，他们还是不敢下水。直到爸爸替小明买来了救生圈，小明才敢下水。回家后，小明睡前感慨道："如果我是鱼儿就好了，这样就能自由自在地游泳了！还能遇到好多动物，跟他们聊天……"

"你要是看到蓝天白云，是不是想如果自己是一只小鸟，冲上云霄？"哥哥打趣道。

"那自然很好！"小明笑个不停。

听着两兄弟你一言我一语的，爸爸妈妈非常欣慰！

"想象力是人类创作的源泉"。经历的不断积累为孩子提供了更广阔的空间，让他们的想象力不断发展。《西游记》中，孙

154

悟空拥有腾云驾雾的超能力，身怀72变，威力无比！孙悟空真的存在吗？作者是怎样创作出这个神通广大的人物形象呢？答案是想象力。想象的力量是巨大的，因为有想象，我们的世界才变得越来越丰富，越来越美丽。想象是影响创造力的重要因素之一，想象伴随着我们每个人。认识、体悟、使用新知识都要以想象力为主。

在实际生活中，孩子的想象随处可见，但我们有时会扼杀孩子的想象，抑制孩子的想象力，教育孩子时，我们要努力排除阻碍孩子想象力发展的障碍。

1. 利用模仿激发孩子的想象力

可以从模仿开始对孩子进行想象力的训练。效仿他人，逐渐懂得怎样才能抓住事物之间的联系进行想象，不断创新，从而使孩子的创造性想象力得到提高。

2. 帮助孩子积累更多的知识

想象要依靠大量的知识。一个人懂得的知识越多，想象力就越丰富。大发明家爱迪生从小就勤奋好学，书籍使他获得了大量的知识，这为他以后发挥超常的想象力奠定了坚实的基础。

3. 培养孩子运用语言的能力

优秀的语言表达能力是表述自己想象的必备条件。父母应该培养孩子的语言表达能力，如可以用给故事续编结尾的方式不断训练孩子的语言表达能力。

4.让孩子多参加课余活动

让孩子积极参加科技、美术、体育等课余活动，帮助孩子多思考，多提问，不断提高孩子的想象力。

5.让孩子独立思考

现在，很多父母都希望自己的孩子知识渊博，过早地把定性的知识教给孩子，而一旦孩子向自己提问，父母就会进行解答，养成孩子不爱思考的坏习惯。所以，父母要引导孩子养成自己独立思考的习惯。

6.多向孩子提问

父母应经常向孩子提问题，同时确保答案不是唯一的。这样不但可以把孩子的想象力调动起来，还能让孩子得到锻炼。如，父母在陪孩子看关于飞机的图书时可以问孩子："飞机会变成什么样呢？你希望造出什么样的飞机呢？你能造出什么样的飞机呢？"这能够激发孩子的求知欲与想象力。

如何培养孩子的想象力

想象并不是空穴来风，想象是建立在生活的基础上的，来自人的经验。想象激发了人们的创造力，在发明创造方面功不可没。但不管是多么千奇百怪的想象，都需要自己的生活经验做基础。通常来说，想象分为无意想象和有意想象两种。无意想象一般是无意识的，因此对孩子的智力发展没有很大作用。有意想象是出于自觉的，孩子需要努力想象，它是孩子智力提高的发动机，能让孩子的智力得到更好的发展。

很多父母都觉得，孩子的想象天马行空，荒诞不经，因此没什么作用，这是非常错误的。孩子是让人敬佩的，他们经常会想到月亮星星上的东西，想到地里的情况，想到为什么要开花，想到昆虫的话语，他们想飞上太空，他们想潜入蚁穴……其实，孩子的想象力是我们这些成人不可企及的。曾有一个6岁的小姑娘，因为画了幅畅想未来我们可能到月亮上生活、在月亮上玩耍的画，荣获了联合国世界儿童绘画比赛一等奖。所以，父母一定要好好培养孩子的想象力。

那么，孩子的想象力该怎样培养呢？下面有一些好的建议：

1. 丰富孩子头脑中的表象

想象就是大脑在外界条件的刺激影响下，对头脑中原有的材料进行联想变形，从而形成和创造新事物的心理过程。人的想象是建立在表象上的。例如，当老师讲一篇关于风景的作文时，每个孩子都会想起不同的画面。这是由于孩子在想象的时候，需要根据自己存储在脑子里的表象进行加工和创造，所以头脑中的表象越多，孩子的想象能力就越强。

在日常生活中，父母要对孩子多加引导，引导孩子多观察、多记忆。那么，怎样才能增加孩子头脑中的存储信息呢？父母可以带孩子参观博物馆，或者带孩子去野外玩，这些都能增加孩子的表象积累。尤其值得关注的是，农村的父母要多带孩子到城市去，这样孩子的思想才不容易被禁锢，才不会变得过于狭隘和简单。城市的父母则要多带孩子到农村去，让孩子认识各种各样的农作物，欣赏美丽的田园风景，开阔他们的视野，开拓他们的思维。孩子对这个世界了解得越多，就更容易展开广阔的想象。

2. 教导孩子积累词汇

想象是需要语言来进行描述的，而语言的基础来源于词汇。孩子词汇量大，就能很流畅地表达一件事情，如果词汇量不够，就不能很好地进行想象和描述。因此，在孩子小的时候，父母要引导孩子多积累词汇。如果孩子词汇量匮乏，那么他在自己极度兴奋或难过的时候，只会用"快乐""难受"来表达，导致语言表达产生严重的缺陷。

所以，孩子在日常生活中应该学会慢慢积累词汇。例如，父母可以在睡前多给孩子读一些富有幻想色彩的书籍，如神话故事、科幻小说、寓言故事等。另外，父母还可以培养孩子做笔记的习惯，为他专门准备一个摘记本，以便随时记录生活中遇到的词汇，在空余时间多翻阅摘记本，可以帮助孩子巩固词汇。这样，孩子的词汇量慢慢就扩大了，可以比较清晰地表达自己的内心世界，这样既可以锻炼语言能力，还有利于发展孩子的想象力。

3. 引导孩子读故事、讲故事、记日记、画画

父母给孩子讲故事能激发孩子的想象力。除了这种方式之外，父母还可以从小培养孩子自己编故事、讲故事的能力。比如，父母在给孩子讲故事的时候可以引导孩子按照这个主题发挥想象，自己编故事，适时地给孩子以夸奖，并提供一些建议。然后，父母再鼓励孩子把自己编的这些故事讲给朋友听，这样不仅可以锻炼孩子的语言表达能力，而且也能锻炼孩子的人际交往能力。如果孩子认识字了，父母就要让孩子自己阅读，自主阅读不仅可以让孩子认识更多的字，而且对发展孩子的想象力有很大的促进作用。

相对于呆板的语言来讲，图片更能让孩子的想象力得到发挥。父母可以有意识地买各种画册，然后让孩子认真观察，如果可以，最好能画出来。当然，孩子如果画得不像，父母不应笑他或是责怪他，让孩子画他想画的就行。这样，孩子才能充分发挥他的想象力及创造力。

4. 用游戏启发孩子的想象力

孩子总喜欢玩游戏，父母应该关注或是组织孩子和其他小伙伴一起玩游戏，这样不仅可以帮助孩子学会与他人合作，还可以以此来发展孩子的想象力。

父母在游戏中指导孩子学会观察，激发孩子想象和创造的愿望，在游戏中发现问题时要及时解决，多用启发式语言鼓励和引导。

5. 鼓励孩子幻想

幻想是想象的进一步发展，它往往高于现实，超越现实，能跨越时空创造出一种新的事物形态，具有不可估量的珍贵价值。幻想，特别是孩子童年时期的怪异想法是非常珍贵的。郭沫若在《科学的春天》一文中曾写道："科学也需要创造，需要幻想，有幻想才能打破传统的束缚，才能发展科学。"所以，对孩子的幻想，父母要进行鼓励，不要指责孩子整日遐想，荒诞不经。要知道，正是因为这些缺少常识性的幻想，孩子才能拥有与常人不同的才能。

打破常规，突破创新

　　"爸爸，雪化了以后会变成什么？"形形回到家后问道。爸爸用右手把滑到鼻尖的眼镜向上扶了扶，没有回答。形形不高兴了。爸爸说："形形，怎么不高兴了？"形形又重复了一遍自己的问题："爸爸你说，雪化了以后会成为什么？"

　　"雪化了？"爸爸感到很纳闷，不知道形形从哪儿弄来这么一个奇怪的问题。爸爸想了想，回答说："变成水。"

形形更不高兴了，说："嗯，我就是这么回答老师的提问的！"

"错了吗？"爸爸感到十分惊讶。

"老师说不是不对，但这不是最好的。"形形说。

"那最好的答案是什么呢？"爸爸有点困惑。

形形回答："雪化了就是春天。老师说他的答案最好！"

爸爸狠狠拍了一下自己的脑袋："对啊！"

雪化了，说明春天就要来了。摆脱固定的思维模式，才能创造奇迹！

研究证明，一个人具有的创新能力越突出，就越能有效地促进其他方面素质的发展，从而提高整体素质。所以，创新意识很重要。创新意识始于孩子打破常规，当孩子能打破常规去想问题时，孩子的创新能力就悄然产生了。

在实际的家庭教育中，有些父母十分不注重创新。他们强迫孩子听话，导致孩子被动接受，从而使孩子的创新意识和自主行为都泯灭了。孩子要听话才能得到表扬，这样的做法其实是阻碍了孩子创新能力的提高。

那么，怎样才能培养孩子的创新能力呢？

1. 转变教育方式

树立正确的家庭教育观念，只有实现家庭教育观念的转变，才能培养孩子的创新意识。

2. 注重孩子的特长

伟大的科学家爱因斯坦曾说过："兴趣是最好的老师。"孩子最好的动力就是兴趣。孩子对事物产生浓厚的兴趣，就会全身心地投入其中，并产生愉悦和积极的情感，继而不断创新。所以，父母要时刻注意培养孩子创新的兴趣，给孩子选择的权利，鼓励他们大胆想象，积极改变。

3. 教孩子多动手

著名的教育家陶行知先生曾呼吁要解放孩子的头脑，不光让孩子动脑，更要动手。孩子只有亲身实践，才有利于培养他们的创新意识。有些孩子很爱问问题，说明他们有强烈的求知欲和探索精神。父母不要逢问必答，要鼓励孩子自己动手去寻找答案。

4. 引导孩子的求知欲

当有人问大科学家爱因斯坦为什么能够取得那么多伟大的成就时，他说："我并没什么天赋，只是爱刨根问底而已。"探究有利于孩子的创新意识，父母要认清这一点，要主动引导孩子的求知欲，从而激发他们的创新意识，使他们的创新能力更上一层楼。

冲出经验的怪圈

奇袭帮助拿破仑取得过无数次胜利。可多次的胜仗却加速了他的失败。赢得多了，人就很容易产生自满的情绪，并且应付新的战争时总是喜欢沿用以前的经验。这说明，应付纷繁复杂的新情况仅仅凭着经验是不行的，用旧瓶子装新酒，就相当于作茧自缚，必将导致失败。当面对俄国大将库图佐图创新发明了焦土战术时，拿破仑没碰到过，所以在俄军面前显得不知所措。

俄军一看到法军撤退，为了杜绝法军以战养战，因此他们选择烧毁一切物资。法军在沿途中见到的都是熊熊的烈火。

拿破仑震惊地发现，俄军甚至点燃了克里姆林宫。他认为俄国人已经疯了！但是他很快就发现，他们找不到可以补充的物资。面对这样的情景，法军根本无法生存。此时，拿破仑才发现形势十分不妙，下令撤退却已经回天乏术。士气低落的法军在仓皇撤退的途中遭遇了最严重的失败——滑铁卢战役。

拿破仑之所以失败，完全是因为他盲目照搬以前的经验。拿破仑最大的敌人是他自己，是他成功的经验导致了他的失败。

每个人的经历各不相同，同时又会不断地从别人那里学到更多的经验。所以，我们必须辩证地看待经验，并灵活运用经验。人需要积累经验，但却不能奉行经验主义。

下面讲一个关于"戈迪阿斯之结"的古希腊传说：

只要是外地人到了弗里吉亚城的朱庇特神庙，都会去看戈迪阿斯王的牛车。人们对戈迪阿斯王把牛轭系在车辕上的技巧赞不绝口。

"打出这样结的人真了不起。"有人感叹道。

"你说得没错，但其实更了不起的是能解开这个结的人。"庙里的人说道。

"怎么说？"

"因为谁能够解开这个结，谁就能把全世界变为自己的国家。"这位庙中人解答道。

此后，每年都有成千上万的人来看戈迪阿斯王打的结。想要解开这个结的人根本找不到下手的地方。

后来，亚历山大来到了这里。他称霸希腊，曾率领不多的精兵打败了强大的波斯。

"那个奇妙的戈迪阿斯结在哪儿呢？"他询问着。

于是，有人带着他来到了朱庇特神庙，一切都没有变。

他看了看这个结，笑了笑："过去他们都打不开这个结，只是陷入了固定的思维中，都觉得唯有找到绳头才能打开这个结，我不这样认为，找不到绳头又怎样？"说着，他举起剑砍向绳子，绳子断了。

亚历山大肯定地说："这样就解开了，难道不对吗？"

接着，他率领他那规模不大、人数不多的军队踏上了征战亚洲之路。

我们称那些囿于经验不敢创新的人为效仿者和盲从者，因为他们认为困难是不可能克服的，总认为这不可能做到，那不太现实，但世界上哪一件新事物的出现不是归功于古往今来的先例破坏者呢？如今我们所拥有的、享受的一切，其中的任何一件都曾是这些先例的破坏者们脑海中的产物。人既不能完全拒绝经验，也不要轻易上了经验的当。父母平时应当理解和支持孩子一些反常规的做法，这也许正是孩子们冲出怪圈之举。

突破定式思维

妨碍人们不断创新的往往是已知的知识。想拥有创新能力，就应当改变自己的思维定式，变换思维看问题。为了形象地说明思维定式对人判断力的影响，下面来看一个小故事。

李易是一名心理学老师。有一次，他给中学里一个特长班的学生做智力测试，这个班里的学生的智商都是超群的。但是李老师却说："这样吧，我来出一道题测试一下你们的智商吧。"同学们都摩拳擦掌。李老师开始提问题："一位想买钉子的聋哑人来到五金商店，摆了一个手势：立起左手食指，右手握拳砸向左手食指。售货员递给他一把锤子，聋哑人摆摆手。售货员知道了，他要买的是钉子。"

李老师又说："聋哑人出了商店，接着另一位盲人进了店门。他想要一把剪刀，那么我问一下大家，盲人怎么做才能买到剪刀呢？"很多同学抢着答道："盲人肯定会这样做。"这些同学伸出两个手指做剪刀状。李老师笑了："这个答案正确吗？盲人开口说要剪刀就好了，那他为什么还要做手势呢？"

　　同学们不说话了，不得不承认自己的回答是错误的。李老师早就预料到这个结果，因为人如果走不出自己的思维定式，再高的智商也培养不出创新的品质。

　　突破思维定式是打开创新之门的钥匙。善于创造商业奇迹的犹太人，在商业上的成功不仅是因为他们的精明和勤奋，而且与他们善于打破思维定式的创新品质有关。下面的例子很好地表现出犹太人善于打破常规、积极创新的品质。

　　一个犹太人大摇大摆地走到一家银行的贷款部。

　　"请问先生，有什么需要帮助的吗？"银行职员边问边观察这人的穿着：精致的西服、优质的皮鞋、名贵的手表，还有领带上的金夹子。

　　"我要借钱。"

　　"好的，请问您想借多少？"

　　"1 美元足够了。"

　　"只借 1 美元吗？"

　　"对，这样不可以吗？"

　　"完全可以，要是能有担保，再多点也是可以的。"

　　"嗯，这些担保够吗？"

　　犹太人一边说一边拿出了一大堆股票、国债。

　　"50 万美元借 1 美元，应该够了吧？"

　　"够了，够了，你当真只借 1 美元吗？"

　　"没错。"就这样，犹太人接过 1 美元。

"您一年后归还，要付 6% 的利息，我们那时就会把这些股票还给你。"

"好的。"

犹太人一边说着，一边准备从银行离开。

一旁的分行长不明白，一个身怀巨款的人怎么会只借 1 美元呢？他急忙追上前去，说道："先生，请稍等……"

"请问有什么事情吗？"

"您怎么会以 50 万美元借 1 美元呢？即使三四十万美元，我们也是很乐意的……"

"希望您不必介怀。因为我来贵行之前发现金库的保险箱费用很高，因此，我就借 1 美元以把这些股票寄存在这里，这样一来，一年的租金只是 6 美分。"

按常理来说，贵重物品应寄存在金库的保险箱里。犹太商人却想出了一个把证券锁在银行保险箱里的办法。从保险程度来说，两者都是一样的，但是价格却不同。因此，创新就是看问题时换个角度。

每个人都渴望成功，创新能够带来成功，只有摆脱固定思维模式，才可能创新。突破定式思维，采用创造性思维，能帮助你在平凡的生活中，找到通向成功的路。

突破思维定式说起来容易做起来难，父母如何培养孩子这方面的能力呢？坚持每个问题不是只有一种解决方法；启发和鼓励孩子在解决问题之后再想另外的解决办法；多看一些益智图书。

打破常规，敢于标新立异

创新可以看作是最灵活的思维活动，创新最忌讳呆板和教条。只有勇于斩断束缚，才更容易打开思维，获得成功。

在1984年以前，奥运会主办国几乎都是内定的。奥运会的举办关乎国家和民族的荣耀，还可以借此机会宣传举办国形象，但是奥运场馆的建设、用于硬软件建设所投入的大量资金会使政府承担巨大的风险。1976年，加拿大蒙特利尔主办奥运会，亏损高达10亿美元，当时预计要到2003年才能还清这笔巨额债务；1980年，苏联莫斯科主办奥运会，花费了近90亿美元，因此所负的债务更高。奥运会简直就是在赔本赚吆喝，举办国更多地将其视为"形象工程"。1984年，洛杉矶主办奥运会，尤伯罗斯打破了常规，改写了举办奥运会负债的历史，不仅在奥运史上首次创下了巨额盈利的纪录，更使奥运经济学应运而生，给以后的奥运会主办国家树立了成功的榜样。

洛杉矶市政府在了解了其他国家举办奥运会的亏损情况后，

政府首次决定：公用基金不会被使用在奥运会的举办中。就这样，他们开创了奥运会民办的先河。尤伯罗斯开始着手准备奥运会之后才认识到组委会的零散，没有办公场地和用品，甚至连账号都没有一个。尤伯罗斯决定白手起家。他将自己的旅游公司的股份以 1060 万美元的价格卖掉，之后将奥运会通过市场运作变得商业化。

第一步，节约。1932 年洛杉矶奥运会之后的历届奥运会，奥运会的举办以规模大、虚浮、奢华和浪费为时尚。尤伯罗斯决定尽可能地节省不必要的开支。他自己以零薪水工作，在他的表率下，数以万计的工作者也加入了这个行列；其次，继续使用洛杉矶现成的体育场；最后，将当地的 3 所大学宿舍当作奥运村。这样一来就节约了 10 亿美元的资金。

第二步，圣火传递的无形资产。在希腊点燃奥运圣火后，在本土举行了长达 1.5 万公里的传递仪式。尤伯罗斯采用捐款的人可以举着火炬跑上一程的方法，使得圣火传递一项售出了 4500 万美元的利润。实际上，尤伯罗斯是在卖百年奥运的历史、文化等资产。

第三步，另类盈利。尤伯罗斯的奥运经济学给奥运会主办方带来了滚滚的财源。他苛刻地提出，500 万以下的赞助将不被受理，而且不允许在场地内包括其空中做商业广告。赞助商们反而看到了希望。一家公司急于赞助奥运会，完全不清楚自己赞助的项目流程，就匆忙在赞助文件上签字。尤伯罗斯从所有赞助商里选定 30 家企业成为赞助商，赞助收入约 1.17 亿元。

最大的收益源于转让独家电视转播权。三大电视网中的美国广播公司以 2.25 亿美元在竞选中夺得了电视转播权。尤伯罗斯又打破了奥运会广播电台免费转播比赛的惯例，以高达 7000 万美元的价格将广播转播权卖给欧洲等地的电视公司。

通过铺天盖地的宣传，奥运门票也取得了巨额的收益。

第四步，出售与本届奥运会主题相关的奥运吉祥物和纪念品。尤伯罗斯还开发了标志性的奥运吉祥物。

在奥运会举办的十几天内，这四步使这届奥运会赚了 2.5 亿美元，相当于原计划的 10 倍之多。尤伯罗斯本人也因此获得 47.5 万美元的红利收入。

在闭幕式上，国际奥委会主席萨马兰奇给尤伯罗斯颁发了一枚特别的金牌，报界称此为"本届奥运上最大、最闪耀的一枚金牌"。

从这个事例可以看出，创新拥有巨大的能量，它能以意想不到的方式给人们带来惊喜。所以，父母要引导孩子敢于标新立异，突破常规，积极培养创新思维。

永远保持一颗好奇心

9岁的小杰喜欢刨根问底。小杰生日时，舅舅来到家里做客，送他的礼物是一套科幻漫画，他总是不断地提出各种问题。看到小杰如此勤奋好学，妈妈经常鼓励他。

一次，小杰放学回到家里，把苹果从冰箱里取出来。他把那个苹果洗了，然后把苹果切成两半，准备递给妈妈一半。

"啊！"小杰尖叫了起来。

妈妈赶忙过来，问小杰发生了什么事。小杰没有回答，只是盯着苹果。妈妈还以为孩子受到过度的惊吓。

"苹果为什么生虫子了啊？"小杰问妈妈。

妈妈这才明白是小杰发现新的问题了，于是告诉小杰苹果生虫子的原因。

智慧会在好奇心中迸发。好奇是孩子的天性，强烈的好奇心会增强孩子的求知欲，有利于创造性思维与想象力的形成。孩子们经常询问："为什么天上只有一个太阳？""我是从哪来的？""月亮上有没有神仙呀？"我们在面对孩子的好奇时，要适时加以引导。

孩子对外部世界不了解，好奇心不仅能帮助他们不断地认识世界，还能提高他们的思维和想象力。反之，如果父母消极对待孩子的好奇心，孩子就会失去主动了解外部世界的欲望，这将不利于孩子思维的形成，将影响孩子一生的发展。

那么，父母应该怎样正确对待孩子的好奇心呢？

（1）让孩子的好奇心得到满足。如果孩子对电动剃须刀或者其他事物很感兴趣，与其提心吊胆地担心他们破坏，不如把正确的使用方法告诉他们，让他们自己试着操作。如，爸爸修电扇时，孩子会围绕着爸爸问问题，这时不要担心孩子在旁边会弄丢零件，而可以给他讲述电扇的功用。这么做，不仅能激发孩子更深层次的好奇心，还能促使他们更加主动地思考。

（2）要解放孩子的思想。由于孩子的认知水平十分有限，因此常常会问一些奇怪的问题或者产生一些奇怪的念头。当孩子对某项事物很感兴趣刨根问底的时候，父母一定要认真对待，要耐心给孩子解释。父母如果不能解释，可以和孩子一起寻找答案，千万不要给孩子套上思维定式。

（3）正确引导孩子的好奇心。比如，2～3岁的孩子爱敲打东西发声，这时父母要正确引导孩子的好奇心，可以给孩子不同样子（圆头的、小而短的等）、不同材料（木头的、橡胶的等）的棍棒，供他们尝试。

拒绝模仿，让“金点子”飞翔

一个人想要获得成功，不能一味地模仿别人，而要做个有个性的青少年，坚持走自己的路。伟大的剧作家莎士比亚曾说过：“你是独一无二的。”这句话正是在说明个性的重要性。

其实，每个人都在用想象力进行创造。拿破仑说过：“想象力可以实现对整个世界的统治。”格林·克拉克也曾说过：“想象力是人类最具天赋的东西。”想象力是一种天赋，是一种动力，是一种创新……这种天赋一旦被毁灭，就会使人类整体退化。

司马光是我国杰出的史学家。司马光自幼就十分聪慧。

有一天，他与朋友们一起玩耍。大家正玩得很高兴，突然，一个小朋友不小心掉进了盛满水的大缸里，只见他的小脑袋忽而冒出水面，忽而沉入水中，眼看就要被淹死了！

大人都不在，小伙伴们有的一直不停地哭喊，有的去找大人帮忙。但情形已十万火急了！

这时的小司马光却临危不惧，一个主意涌上心头。他拿起石头，猛地砸向大水缸，水缸出现了一个大洞，水从洞里流了出来。就这样，司马光成功地把缸里的小朋友救出来了！

司马光砸缸的故事迅速传到千家万户，人们都很佩服他的聪慧机智。

无论你从事何种职业，效仿都不可能超越他人。要想取得成功，就要勤于思考，多动脑筋，学会另辟蹊径。能够赋予人生更多价值的人都是勇于创造的人。有主见、有想法、与时俱进、勇于创新的人，是更容易取得成功的人。因循守旧者的典型特征是死守自己的老观念，固执地守着陈规。这本身就是一种思维上的惰性。所以，父母要引导孩子拒绝模仿，主动思考，提出更多具有创造力的想法。

突破思维的枷锁

　　阿伟到朋友家做客，看见朋友家有一个很大的玻璃鱼缸，里面有各种各样的石块，成双成对的小虾在石缝中钻来钻去。问过方知，这种虾有成双成对钻石缝儿的习惯，只要稍稍加以装饰，就可作为艺术品卖出。

　　阿伟认真想了想，灵感应运而生：龟，自古便是长寿的象征，如果用饲养小虾的方式养龟，也就寓意着长寿、祝福，象征着相伴永久、人生美满，可能很有卖点。

　　于是，阿伟立刻着手订购了一批口小肚大的圆形玻璃缸，以一雄一雌的方式饲养小彩龟。不到半年，它们就长大了，已经不能再从缸口取出来。他将标榜"形影相随""不离不弃"等为主题的漂亮装饰品拿到市场销售，果不其然引来大批顾客抢购。后来，他还开办了七彩龟饲养场，一时间，七彩龟简直供不应求。

　　同样是那些东西，稍稍加些奇思妙想就能带来巨大的收益。

　　惯性思维，又称"思维定式"。它会束缚人的创新意识，阻碍人的创造力发展。我们的生活充斥着许许多多习以为常、理所当然的情形。我们处理问题时，很容易陷入经验主义，觉得套用经验就可以了。随着经验的积累，我们的思维越来越僵化，于是我们丧失了创造力！而善于创新的人常常能突破常规思维，以奇为手段，想出各种出奇的经营招数，所以更易获得成功。

在英国伦敦，在激烈的市场竞争中，一家名不见经传的小饭店竟独占鳌头，顾客络绎不绝。店家的广告是最大的原因："本店所做一切菜肴非常干净——在任何时候，汤菜中都见不到一根毛发！"这个广告吸引了众多的顾客到饭店，一瞧，饭店从业人员都是光头！

创新指的是一种开拓、认识新领域的方法，通常说来，创新要求人们在现有经验上获得质的跨越，从一些事实中进一步寻求新点子，打破固定思维。创新是人的宝贵财富。

要想培养孩子的创新能力，父母可以引导孩子做到以下几点：

1. 要随时记下自己的新想法

让孩子随身带个记事本，想到新点子就记下来。这些点子虽然不一定会用得上，但总比要用时再冥思苦想的强。所以，要引导孩子明白，当创新思维在脑海涌现时，不要忽视它！

2. 复习曾经出现的"金点子"

要引导孩子养成时常翻看自己记录的想法并加以整理，留下那些有价值的想法，删掉不合理的想法，认为可行的想法可以立即着手去实现。

3. 学会完善自己的想法

要引导孩子不断提升自己新想法的深度，学会从不同的角度去分析、研究自己的新想法，这样才有可能提炼出一个独特、有意义的计划。

打开创造力的闸门

在人的能力中，创新能力是最重要、最独特的能力，创新推动着社会的进步。父母应帮助孩子学会用好创造性思维，把自己的创新潜能充分地发挥出来。

在一个狂风暴雨的日子，一个穷人乞求得到富人的施舍。

"快点离开！"看门的仆人说，"不要打扰我们。"

这个穷人请求道："求求你，让我进去吧，我只是想借你们的火烤干衣服。"仆人认为这不用付出，于是就同意让他进屋了。

这时，穷人提出想要一个小锅，说："我要煮石头汤。"

"这是什么汤？"厨娘不解，她想看看他是怎么用石头做成汤的，于是她同意了。穷人从道路上捡来一块石头，洗干净后放在锅里煮。

"你得搁点盐吧。"厨娘说，于是，好心的厨娘又递给他一些盐，随后又给他点调味料。甚至，厨娘还拿来剩下的碎肉末让他放进汤里。

这样，你大概可以猜到，这个穷人喝到了肉汤。如果穷人一上来就哀求道："求你了，我想喝口肉汤。"那么，他一定会被佣人轰走。

创新没有规律，创新就是寻求新的改进方法，以用更好的方法解决问题。

松下幸之助刚开始创业时，就是因为一个小小的创新获得成功的。

松下最开始时是制造插头的，质量问题严重影响了插头的销路，没过多久，他就陷入了难以维持的困境。

一天，他独自走在路上，感到身心疲惫，他无意间听到了一对姐弟的交谈。

姐姐熨衣服，弟弟想看书，但又不能开灯（当时插头只有一个插孔，不能同时使用两个电器）。

弟弟叫喊着："姐姐，您快点熨完衣服啊，要不没有灯，我如何看书啊？"

姐姐柔声说："知道了，我马上就熨完了。"

"老是说马上马上，都说过好几次马上了。"

两人为了插头一直在争吵。

这时候，松下幸之助想："一根电线的插头，一个人想熨衣服，另一人就不能开灯；反之亦然。这简直太不方便了。为什么不能同时呢？"

对这个问题，他进行了认真地研究，不久，两用插头应运而生。试用品一问世，很快就被卖光了，还一度供不应求。他招收更多工人，扩大了工厂的生产规模。松下幸之助因此积累了大量的资金。

创新是幸福的源泉；创新使人快乐；幸福从创新中萌芽。

这些都说明了创新与幸福紧密相关，说明创新是生活幸福的动力。

如何培养孩子的创造力呢？

首先，父母不要限制孩子探索的欲望。孩子天生就有好奇心，喜欢探索新的环境。如果孩子对某件事物有强烈的好奇心，父母可以在保证安全的前提下，尽量满足孩子的愿望。其次，在和孩子日常的沟通交流当中，父母应多鼓励孩子表达自己的想法，即使说的不对或是说的逻辑混乱，也可以多夸奖孩子。还有，要养成和孩子一起阅读的习惯，读书让孩子站在巨人的肩膀上，从书中汲取知识和营养，补充大脑智慧。

每个孩子都是具有创造力的，我们一定要保护和培养孩子的创造潜力，为孩子营造良好的家庭环境，充分发挥孩子的主动性和积极性，培养他们创造的欲望、兴趣和能力。

为想象插上翅膀

打破常规，突破创新

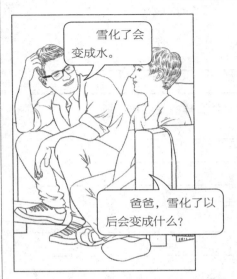

永远保持一颗好奇心

智慧会在想象与好奇心中迸发。想象是智慧的翅膀，好奇是孩子的天性，对孩子的好奇心进行正确的引导，有利于孩子创造性思维与想象力的形成。

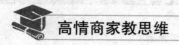

高情商家教思维

1. 如何让孩子展开想象的翅膀？

2. 对于培养孩子的想象力，你有什么样的想法和计划？

3. 如何保护孩子创新意识和自主行为？

4. 如何在日常生活中帮助孩子突破思维定式？对此，你又有哪些经验和经历呢？

5. 如何让孩子具有创造力？

6. 本书对你最有帮助的地方是

对孩子最有提升的是